KB176107

질문은 그를 귀찮게 해

질문은 그를 귀찮게 해

초판인쇄 2020년 12월 30일
초판발행 2020년 12월 30일

지은이 김동하
펴낸이 채종준
기획·편집 유나영
디자인 서혜선
마케팅 문선영 전예리

펴낸곳 한국학술정보(주)
주 소 경기도 파주시 회동길 230(문발동)
전 화 031-908-3181(대표)
팩 스 031-908-3189
홈페이지 http://ebook.kstudy.com
E-mail 출판사업부 publish@kstudy.com
등 록 제일산-115호(2000. 6. 19)

ISBN 979-11-6603-263-9 03320

이 책은 한국학술정보(주)와 저작자의 지적 재산으로서 무단 전재와 복제를 금합니다.
책에 대한 더 나은 생각, 끊임없는 고민, 독자를 생각하는 마음으로 보다 좋은 책을 만들어갑니다.

질문은 그를 귀찮게 해

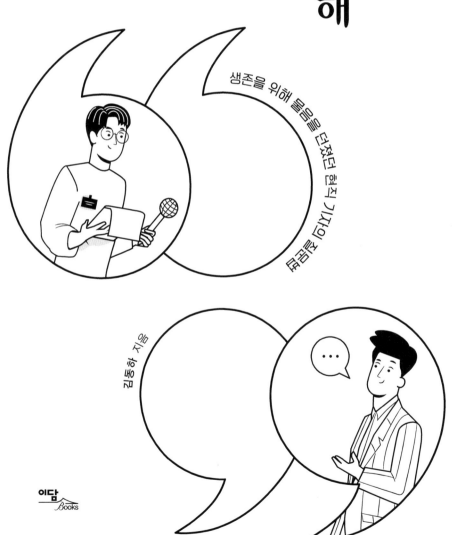

생존을 위해 물음을 던졌던 황지 기자의 질문법

김동하 지음

이담
Books

"

프롤로그

　서울의 한 대학에서 정치외교학과 학생들에게 '인터뷰의 실재'라는 제목으로 강의한 적이 있다. 정치부 기자로서 정치인들에게 무엇을 묻고 어떻게 기사를 쓰는지가 주제였다.

　처음엔 강의 요청에 선뜻 응하지 못했다. 날마다 반복되는 정치부 기자 생활, 어느덧 관성에 젖어 있었던 것 같다. '특강을 할 정도로 특별할 게 있을까'라는 생각이 들었다. 그런데 강의를 요청한 교수는 "이론은 교수들이 가르칠 수 있지만, 현장 이야기는 질문이 본업인 기자에게 특화된 영역"이라고 했다. 그 말을 듣고 처음 정치부로 인사가 났을 당시를 돌이켜 봤다. 각양각색 정치인과의 만남에 들떴었고, 그들에게 어떤 질문을 해야 할지 고심하던 내 모습이 떠올랐다. 경험한 내용 그대로를 담아 학생들 앞에 섰고, 언젠가 책으로 내도 좋겠다는 생각이 들었다. 이 책은 그 연장선에서 탄생했다.

기자가 된 지 10년이 지났지만, 여전히 질문이 어렵다. 사실 기자가 될 줄 몰랐다. 누구보다 부끄러움을 많이 타는 성격이어서 지금도 나를 잘 아는 사람들은 "저 내성적인 성격에 어떻게 기자가 됐을까"라고 이야기할 정도다. 게다가 기자에 대한 감정이 좋지 않았다. 공보장교로 군 생활을 하면서 무수히 많은 '기자님'을 상대했었다. '기자님'들에게 시달렸다고 하는 게 정확하겠다. 그땐 '기자님'들이 나를 귀찮게 하는 존재일 뿐이었다. 그러나 사람 일이란 알 수 없다. 결국 우여곡절 끝에 기자가 됐다. 나를 괴롭히던 그날의 기자들 중에는 지금 현장에서 마주치는 이들이 있다. 그토록 껄끄럽던 기자들이 이제는 같은 업계의 선배가 된 것이다. 기자가 된 후로는 나 역시 취재원들을 귀찮게 해야 했다. 닥치니 해야 했다. 내 성향이나 과거 기자직에 대해 느꼈던 부정적 감정을 핑계로 피할 수 없는 노릇이었다.

'남을 귀찮게 하는 이 일을 일단 10년만 해보자'라고 생각했었는데, 10년이 지난 지금도 여전히 기자 명함을 들고 다니고 있다. 사회부 법조팀에서 보낸 2년 9개월 외에는 대부분 정치부 정당팀에서 보냈다. 18대 국회를 막내 정치부 기자로 출입한 이후 두 번의 총선과 두 번의 대선, 그리고 탄핵 정국 등을 정당팀에서 거쳤다. 여야를 두루 출입하며 '말'을 본업으로 하는 정치권 사람들을 상대했다. 그들과의 만남과 대화가 이 책의 기반이자 주요한 사례가 됐다. 질문하는 게 남들보다 어려운 일이었기에 더 많이 준비했던 것 같다. 그 경험들이 이 책 곳곳에 묻어나 있다.

'실전 질문법'을 체득한 건 여의도 국회에서 만난 사람들을 통해서지만, '질문 이론'을 가르쳐준 스승은 따로 있다. 어느덧 초등학생이 된 두 아이다. 아이들은 자라면서 끊임없이 나와 아내에게 질문을 던진다. 하얀 종이를 갖가지 색채로 채워나가듯 질문을 통해 세상의 이치와 깊이를 터득해나가는 아이들이다. 육아를 하며 우리 부부는 번아웃된 적이 수도 없이 많지만, 그 속에서 질문의 원리를 들여다보게 된 건 큰 수확이다. 아이들은 궁금한 게 생기면 즉각적으로 묻는다. 망설임이 없다. 궁금한 게 많을수록 많은 질문을 한다. 세상 모든 게 궁금한 아이들이니 질문이 많을 수밖에 없다. 아이들은 엄마 아빠를 신경 쓰기보다는 자신의 궁금증을 해결해야 한다는 의지로 충만하다. 질문은 궁금함에서 시작해 해결 의지로 완성된다는 새삼스럽고도 이 자명한 원리를 아이들의 모습을 통해 깨닫게 됐다.

그러나 일반적으로 성인이 되면서 궁금한 것도 줄고 해결 의지도 줄어드는 걸 본다. '질문 없는 아이'란 상상하기 어려운 반면 '질문 없는 어른'은 어떤가. 전혀 어색하지 않다. 멀리 갈 것도 없이 나 자신을 보면 된다. 어른도 한때는 질문을 너무 많이 한다고 핀잔을 들었을지 모르는 아이였다. '질문하는 어른'이라는 말이 왠지 어색한 것이 과연 정상일까. 질문이 없는 이유는 세상의 이치를 깨달았거나, 아니면 세상의 이치를 깨달은 줄로 착각하거나, 그것도 아니라면 세상의 이치에 관심이 없거나, 그중 하나일 것이다. 세상의 이치를 깨달은 자가 몇이나 될 것이며, 설사 깨달았다고 해서 질문이 없을 수 있는 것일까. 불가능하다. 위대한 업적을 이룬 사람이라 해도 다른 분야에선 문외한일 가능성이 크다. 세상의 이치를 깨달은 척하는 '태도'나 '기술'을 배웠거나, 무관심한 어른이 있을 뿐이다.

    필자 역시 질문 없는 어른으로 남았을지 모른다. 하지만 기자가 되면서 '궁금함'과 '해결 의지'라는 두 요소를 겸비할 수밖에 없었다. 궁금한 것이 있어야 기삿거리를 찾을 수 있었다. 기사를 쓰려면 그 궁금함을 해결해야만 했다. 남이 궁금해하는 것도 대신 물어야 하는 숙제도 떠안게 됐다. 그런 면에서 필자의 질문법은 '자기 계발'보다는 '생존형' 산물에 가깝다. 이 바닥에서 살아남기 위해 해야만 했던 질문 준비, 그를 통해 추출한 이론들이다.

    이 책의 대목 대목은 '묻기'를 업으로 하는 필자의 경험과 이야기를 중심으로 한다. 저자와 직업군을 달리하는 독자들이 '나와는 다른 분야의 이야기'라고 여기실는지도 모르겠다. 그러나 과연 질문이란 게 무엇인지, 그 본질과 속성을 들여다본다면 이야기가 달라질 것이다. 단언컨대 질문은 누구나의 삶과도 밀접한 관련이 있으며 질문을 어떻게 대하느냐에 따라 삶의 결이 달라진다. 그런 원리를 이 책을 통해 확인하는 계기가 됐으면 좋겠다.

Part 1은 내성적 성격에도 불구하고 질문을 업으로 하는 기자가 되기까지의 사연이 담겨 있다. Part 2에서는 질문의 속성을 다뤘다. 일할 때의 목적적 질문, 인간관계에서의 관계적 질문, 나를 향해 던지는 존재적 질문을 구분했다. Part 3의 1장과 2장은 질문 준비에 대한 이야기다. 목적적 질문이 오가는 실전 현장에선 순발력보다 준비가 더 강한 힘을 발휘한다는 점을 강조했다. 3장과 4장에서는 현장의 경험을 통해 터득한 질문 기술을 풀어냈다. 나처럼 관계적 질문에서는 취약한 사람도, 일터에선 목적적 질문의 강자가 될 수 있다. 마지막 Part 4에서는 업무적인 영역을 넘어 질문하는 삶이 주는 유용함에 대한 이야기를 담았다.

❝
목차

Part 3. 질문, 어떻게 해야 할까?

1장 준비한 만큼 물을 수 있다

2장 준비해도 안 될 때, 낙담하지 말아야 할 이유

3장 현장에서 터득한 질문 기술

나는 질문한다, 고로 존재한다

Part 4.

00:02:37

Part 1

내성적인 '그'가
질문하는 '기자'가
되기까지

4K I 1920 x 1080
60FPS I 80 Mbps

질문 잘하는
사람은
외향적이다?

질문을 잘하는 사람의 성향이 따로 있을까. 언뜻 활동적이고 시원시원한 성격이 질문도 잘 할 거라는 생각이 든다. 처음엔 그렇게 생각했다. 그런데 현장에서 일을 해보니 꼭 성향 문제가 아니라는 걸 깨닫는다. 조용한 사람도 가슴 속에서는 불길이 이글거릴 수 있다. 상식을 거스르는 말을 들었을 때 뜨거운 질문으로 내뿜을 수 있다. 외향적인 사람이 부당한 말에 침묵할 때 내성적 사람이 용기를 내는 장면을 본다. 물론 그 반대도 있다. 성향 문제라고 보기 어렵다는 뜻이다.

나는 부끄러움을 많이 타는 성격이었다. 10년 넘게 기자를 하고 있지만 지금도 부끄러움의 본성은 어디 가지 않았다. 하지만 그런 본성의 제약을 무릅쓰고 질문을 던질 수 있었던 건 가슴 속에서 끓는 어떤 불길 때문이었다. 나대기보다는 상대의 말에 귀를 잘 기울이는 성격이라고 해서 질문이나 문제 제기 없이 순응적·굴종적 자세를 보일 거라 생각하는가.

굴종적 유형의 사람에게서 질문을 기대하긴 어렵다. 알프레드 아들러는 ≪아들러의 인간이해≫(홍혜경 옮김, 을유문화사, 2016)에서 '굴종과 비굴함' 유형에 대해 "주도권을 요하는 일에 적합하지 않은 유형으로 '하인 같은 자세'가 몸에 밴, 오직 다른 사람이 내리는 명령을 수행할 때만 편안하게 느끼는 사람들"이라고 소개한다. "그들은 늘 허리를 더 깊숙이 구부리려는 경향을 보이며 다른 사람의 말에 항상 귀를 기울"이지 질문에 익숙한 사람들이 아니다. 설사 질문을 하더라도 상대방의 비위를 맞추고 거기에 더욱 동의하며 비굴한 자세를 취하기 위한 추임새에 불과할 뿐이다.

외향적인 사람이라도 굴종적 유형이라면 오히려 상대의 비위에 맞춘 질문을 던질 뿐이다. 상대의 말에 고개를 연방 끄덕이면서 감탄사를 남발하며 장단을 맞추는 데는 오히려 외향적인 사람이 임무를 잘 수행할 가능성이 크다. 상사나 권력자가 하고 싶은 말을 유도해 내기 위해 질문을 던지는 달인일 수 있다. 성향보다는 어떤 자세로 삶을 사느냐의 문제다.

대니얼 네틀은 《성격의 탄생》(김상우 옮김, 와이즈북, 2019)에서 "성격 특성은 모두 장단점이 있다. 따라서 본질적으로 더 좋거나 더 나쁜 성격 이란 없다"라고 말한다. 질문 유형을 성격 특성에 대입해 보더라도 본질 적으로 질문하기에 더 좋거나 더 나쁜 성향이 있다고는 보기 어렵다.

기자도 마찬가지다. 기자에게 외향적인 성격은 플러스 요인일 수 있 다. 하지만 주변의 기자들을 둘러보면 외향적인 유형의 사람이 생각보 다 많지 않은 것 같다. 비율을 굳이 따지긴 어렵지만 내향적 성향이 더 많아 보인다. 그런 사람들이 질문을 잘 못 던진다고? 아니다. 기자 일을 하는 데 불편함 없이 잘 살고 있다. 나를 포함해서 말이다. 오히려 더 냉정하게 분석하면서 평가하고, 신중하게 질문 거리를 찾을 수 있다. 남들이 덤벙대면서 놓치는 부분까지 꼼꼼하게 챙기면서 질문하는 장 점이 발현된다. 네틀 역시 "자신이 물려받은 성격의 장점을 극대화하 고 단점을 최소화하는 행동 패턴을 찾는 것"에 답이 있다고 말한다. 성 향 자체는 아무 문제가 되지 않는 것이다.

내성적인 사람의 강점은 내면을 향해 많은 질문을 던지는 데서도 찾을 수 있다. 밖으로 던지는 질문은 적을 수 있지만, 그만큼 내면에 많은 질문을 한다. 대학교 1학년 때, 고등학교와 별반 다르지 않은 수업 분위기에 실망하면서 대학교 벤치에 앉아 책을 읽으며 어느 때보다 많이 내면에 질문을 던졌던 것 같다. '인생이란 무엇인가, 대학 생활이란 무엇인가, 앞으로 어떻게 살 것인가, 뭘 해야 하나, 내가 진짜 좋아하는 것은 무엇인가, 나는 오늘도 왜 수업에 들어가지 않고 이렇게 앉아 있나, 인생의 낙오자가 되지는 않을까, 아르바이트를 할 것인가 굶더라도 그 시간에 하고 싶은 걸 할 것인가'

'겉 질문'은 적었지만 '속 질문'이 많았기에 이렇게 용기를 내어 질문에 관한 책을 쓰고 있는지 모른다. '질문 잘하는 사람'은 꼭 외향적인 유형의 전유물이 아니다. 내면에 던지는 질문까지 더한다면 내성적인 사람이 더 많은 질문의 소유자일 수 있다.

질문과는 거리가
멀었던 성장기

성격은 타고나는 것도 있고 자라면서 환경의 영향을 받는 면도 있다. 선천적인지 후천적인지, 후자라면 외부 환경에 영향을 받는 비중이 어느 정도인지는 사람마다 다를 것이다. 나는 어렸을 때부터 말이 많지 않았고, 낯을 많이 가리는 편이었고, 남 앞에 나서는 걸 꺼렸다. 커서도 크게 달라지지 않는 걸 보면 어느 정도 타고난 측면이 있다. 하지만 말이 많지 않다고 해서 무뚝뚝했던 건 아니다. 둘은 비슷해 보이나 조금 다르다. '무뚝뚝함'이란 말이나 행동, 표정 따위가 부드럽고 상냥스러운 면이 없어 정답지가 않다는 뜻이다. 말수가 적다고 꼭 부드럽지 않은 건 아니다. 나는 말수가 적었어도 정다움은 갖췄었다.

정답이건 그렇지 않건 간에 인간관계에선 말수가 적으면 입 밖으로 꺼내는 질문이 상대적으로 적다. 집안 분위기에도 영향을 받았던 것 같다. 우리 집은 어머니를 제외하면 식구 모두 남자다. 하루는 어머니가 방을 닦으시다가 "무뚝뚝한 남자 서이(3명)랑 같이 사니까 심심해 죽겠네"라고 하셨다. 이 하소연이 20여 년이 지난 지금도 생생히 기억난다. 우리 집 남자 3명은 대체로 말수가 적은 편이었다.

우리 집은 질문은 고사하고 대화를 그리 활발히 하는 가정 분위기가 아니었다. 남자 3명 중에선 아버지가 제일 활달하고 말이 많았지만 술 드시면 했던 말 또 하고 또 하는 스타일이었지 대화에 능한 분은 아니다. 아버지는 일방통행식 말하기를 좋아한다. 거기다 대고 내가 장단을 맞추거나 질문을 하는 편이 아니었다. '또 술 드셨구나' 그렇게 생각할 뿐이었다. 형 역시 말수가 적었지만, 나보단 양호했다. 결국 우리 집 남자 3명 중 말이 없기로는 내가 으뜸이었던 셈이다.

학교에서도 그랬다. 초등학교 때 선생님들은 질문 있으면 언제든 하라고 했지만, 손을 한 번 드는 것이 여간 어려운 일이 아니었다. 용기가 필요했다. '괜한 질문을 하는 것은 아닌가, 질문이 틀리면 어떻게 하나, 이 질문을 다른 아이들은 어떻게 생각할까, 비웃음을 당하지는 않을까,

수업을 끝내려는데 나의 질문 때문에 곤란해지지 않을까' 열 번을 생각하고 나서도 질문을 못 할 때가 많았다. 질문을 한 번도 하지 않으면 성적에 불이익을 당하지나 않을까 싶은 의무감에 손을 들던 아이였다. 궁금한 게 있어서 묻기보다 '저도 손 한 번 들었어요. 선생님' 정도의 면피성 질문이랄까.

그나마 초등학교 땐 궁금한 게 있으면 언제든 질문하라는 선생님들이 있었지만, 중·고등학교부터는 선생님이 말하는 걸 받아 적기 바쁜 수업 분위기였다. 질문을 하려는 학생도, 질문하라는 선생님도 흔치 않았다. 도대체 질문이 무슨 필요가 있을까 싶은 학습 분위기. 중간 기말고사 점수만 잘 받으면 되는 진학 시스템. 교과서와 참고서만 주구장창 팠다. 수행평가니, 생활기록부니 하는 것들도 없던 시절이었다. 토론 문화? 교과서에나 존재하는 말이었다. 그 와중에도 수줍어하는 성격은 유년 시절 그대로였나 보다. 얼마 전 스승의 날을 맞아 고등학교 담임 선생님을 수소문해 거의 20년 만에 연락을 드린 적이 있다. 선생님은 나에 대한 기억을 떠올리시며 "그래, 기억난다. 수줍음 많고 그랬었지"라고 하셨다.

질문이라는 것과는 거리가 먼 성장기였던 셈이다. 20대부터는 대학

진학과 군 복무, 취업과 결혼, 출산 등 인생의 많은 변화를 겪었다. 삶을 헤쳐가야 했기에 외적으로 보이는 모습은 달라졌을지 몰라도 성향은 크게 달라지지 않았다.

길을 물어보는
사람인가
검색하는 사람인가

지금이야 길을 모르면 지도 애플리케이션(앱)에서 검색하면 그만이다. 방향 감각이 웬만큼 있는 사람은 지도만 보고도 찾아갈 수 있다. 스마트폰이 없던 시절엔 그렇지 않았다.

초등학교를 졸업하고 중학교 입학을 앞둔 방학 무렵이었다. 중이염이 심해져서 2~3주 정도 이비인후과를 가야 할 때가 있었다. 하루 이틀은 어머니와 함께 갔지만, 매일 어머니가 동행할 수는 없었다. 버스를 혼자 타본 것도, 혼자 병원에 가본 것도 그때가 처음이었다. 어머니와 함께 갔던 길을 생각해가면서 버스를 탔다. 하지만 내리는 곳이 정확하게 기억나지 않았다. 한두 정거장을 지나서 내린 것 같다. 내리는 장소가 달라지니 길이 낯설었다. 병원에 가긴 가야겠고, 대강 버스가 지나온 길을 되돌아갔다. 병원 근방에 온 거 같기는 한데 병원이 보이지 않았다.

선택의 갈림길이다. 혹자는 지나가는 사람들이나, 이 지역을 잘 아는 상점 주인들에게 물어서 길을 찾아갈 것이다. 그러나 물어보는 걸 꺼리는 사람은 그렇지 않다.

나는 후자였다. 이유는 간단했다. 남에게 물어보는 건 남을 귀찮게 하고 남에게 손해를 끼치는 일이라는 생각이 들었다. 본인과 타인의 고유 영역이 각각 있을 텐데 괜히 남의 영역에 끼어드는 일처럼 느껴졌다. 물어보지 않는 건 '좋은 취지'이긴 하지만 시간은 더 들고 고생을 해야 한다. 결국 몇 바퀴를 돌고 돈 끝에 겨우 병원을 찾을 수 있었다. 이 고생을 할 바에야 그냥 물어봤다면 시간도 수고도 절약할 수 있었을 텐데 말이다.

반면 아내는 정반대 성향이다. 둘이 같이 가면서 목적지를 찾지 못하고 헤맬 때 나는 휴대폰부터 꺼내 든다. 지도 애플리케이션을 실행하기 위해서다. 하지만 아내는 "뭘 그렇게 시간을 들이느냐"라며 곧장 지나가는 사람을 붙잡고 물어본다. 길을 잘 아는 사람을 만나면 아내의 방식이 빠르다. 휴대폰을 검색하는 행위는 일단 폰을 꺼내야 하고, 앱을 실행해야 하고, 검색어를 눌러야 하고, 결과물이 나오면 현 위치에서 방향을 파악한 뒤 어디로 가야 할지를 생각해야 하기 때문이다.

그러나 나는 아내가 지나가는 누군가에게 물어보는 행위는 여전히 타인을 귀찮게 하고 손해를 끼치는 일이라 생각한다. 그래서 둘이 같이 가다가도 아내가 길을 물어본다고 하면 나는 일행이 아닌 듯 슬며시 비켜선다. 아내는 그런 나를 신기하게 쳐다보며 말한다. "아니, 그렇게 부끄러움이 많은 사람이 기자 일은 어떻게 해?" 그렇게 말이다. 나도 신기하다. 어머니도 이런 내게 "저래 부끄러움 많이 타가꼬 일은 해내나"라고 말씀하신다.

나는 그저 미소 지을 뿐. '먹고 살려다 보면 다 하게 됩니다'라고 속으로만 되뇐다.

고백, 대면이
부담스러워 편지로
그녀에게 묻다

"나랑 사귀어 줄래?"

이 말이 입 밖으로 나오지 않았다. 기대했던 대답 대신 거절당하면 어쩌나 걱정됐다. 그 민망한 상황은 또 어떻게 해야 하나. 차마 얼굴을 맞대고 고백할 용기는 없었지만 그렇다고 마냥 미룰 수만은 없었다. '몇 날 며칠을 고민한다'는 말은 이럴 때 써야 한다. 내 삶에서 이런 중대한 고민이 있었던가. 결국 용기를 끌어내 택한 방법이 편지였다.

열정이 넘치던 20대 중반이었지만, 편지에서만큼은 절제 또 절제했다. 편지에 많은 걸 쏟아부을수록 대답이 '노'(no)로 왔을 때 후폭풍이 상당할 것만 같았다. 그녀가 거절하더라도 그간의 관계는 유지해야 한다는 생각에 보험을 들 듯 편지를 썼다. 자고로 고백 편지는 애절함이 묻어나야 제맛인데 그런 면에선 낙제점이었다. 밋밋한 고백 편지라니.

편지에 어떤 내용을 담았었는지는 시간이 꽤 지났기에 구체적으로 기억나지 않는다. 다만 그 편지의 분위기는 생각난다. '나랑 사귀어 줄래?'와 같은 직설적인 질문은 아니었다. 은근히, 슬며시 던졌다. 호감이 있다는 것을 내비치면서 '괜찮다면 한번 좋은 관계로 발전해 나갈 수 있지 않을까'와 같은 질문 아닌 질문이었다. 당장 답을 주지 않아도 된다는 전제를 달았다. 천천히 생각해 보고 알려달라고 했다. 말은 그랬지만, 즉각적인 답이 오지 않으니 조바심이 생겼다. 하루 이틀이 지날수록 초조해졌다. 괜히 불필요한 전제를 달아서 그녀가 시간을 일부러 며칠 끄는 건 아닐까 싶으면서 별별 생각이 다 들었다. 며칠 뒤 답이 왔다. 고백 형식에 맞게 답변도 편지를 통해서였다. 질문이 은근해서였는지 답변도 직설적이지 않았다. 전체적인 맥락이 딱 부러지지 않았지만, 긍정에 가까웠다. 다행 중 다행이었다. 거절이 아니었다. 그렇게 우리 커플은 은근하게 연애를 시작했다. 그 뒤로도 주고받은 편지가 수북하다.

돌이켜보면 내 인생의 가장 중요한 질문이었다. 그 역사적 질문을 계기로 우리는 만났고 결혼했고 아이 둘을 낳았다. 나처럼 '질문 DNA'가 부족한 사람도 이런 일생일대의 프러포즈를 할 수 있는 것이다. 대면이든 서면이든 질문의 형식도 형식이지만, 결국 그 안에 담는 알맹이가 중요하다.

결혼하고 나서는 내 성격이 좀 변했을까. 언젠가 아내가 장모님과 나눈 이야기를 나에게 들려줬다.

"엄마, 사위가 말 없으니까 좀 불편하지?"
"뭘, 우리 딸한테만 잘하면 되지."

짧은 대화에 많은 게 묻어났다. 솔직히 아내의 질문에 장모님이 "뭘, 김 서방 말도 잘 걸고 하는데 불편하긴"이라고 하실 줄 알았다. 장모님의 예상 밖의 대답에 죄송스러운 마음이 들었다. 노력해도 쉽게 변하지 않는 게 있다.

서글서글하게 굴며 사위 노릇을 잘하는 사람들을 보면 부럽다. 처음 만난 사람과도 쉽게 친해지는 사람들을 봐도 그렇다. 아이들은 말수가 적은 내 성격을 닮지 말았으면 좋겠는데… 둘째인 딸은 덜하지만, 첫째 아들은 누가 그러더라. "딱, 아빠 판박이"라고.

'아들아 좌절하지 마라. 다 먹고 살 방법은 있단다.'

05

좋지 않았던
기자와의 첫 만남

대학을 졸업하고 학사장교로 군 복무를 했다. 단기 장교의 '꽃'이라 불리는 정훈공보병과를 가기 위해 17주 훈련 기간을 하얗게 불태웠던 기억이 난다. 정훈공보병과를 간다고 해서 군 생활이 쉬운 건 아니었다. 발령받은 곳이 1사단 GOP 대대였다. GOP에서만 15개월을 보냈다. 전방을 보면 북한이요, 후방을 보면 논밭이 있는 곳이었다. 1주일에 3번 지휘통제실에서 밤샘 당직 근무를 할 때도 잦았다. 철책선 순찰, 작전 업무 등 쉼 없이 돌아가는 GOP는 역시 GOP였다. 업무도 업무지만, 같이 일하는 사람이 누구냐에 따라서 근무의 질이 달라진다는 걸 경험했다. 어려운 환경에서도 힘이 되는 사람들이 있었다. 반면, 앞

뒤 꽉 막힌 사람과도 일해 봤다. 상사엔 아부하고, 아랫사람을 인간 이하로 취급하는 유형의 상급자였다.

GOP 대대 이후, 연대 정훈공보장교로 이동했다가 마지막 군 복무 1년은 사단사령부에서 공보장교를 하게 됐다. 처음엔 정훈공보병과의 전공을 살릴 좋은 기회라 생각했다. 1사단은 도라전망대, 제3 땅굴, 남북출입사무소 등 전(全) 군에서 공보 업무가 가장 많은 부대다. 내가 공보장교를 하던 2007~2008년에는 노무현 전 대통령이 육로로 북한을 방문한 직후라 남북 교류가 가장 활발하던 시기다. 남북 열차와 개성관광 버스가 매일 남북을 오갔다. 개성공단으로 가고 들어오는 근무자들도 있었다. 북한은 신기하게 그런 국면에서도 한 번씩 도발을 했다. 오가던 버스와 열차가 도발엔 잠시 멈췄다가 재개되는 등 냉 · 온탕이 반복되던 시기였다. 그러다 보니 1사단에는 기자들의 출입이 잦았다. 공보장교인 나의 주 업무는 민간인 통제선 안에서 이뤄지는 기자들의 취재를 지원하는 일이었다.

군대라는 조직에 몸담고 있으면서 기자들의 취재를 지원하는 게 쉬운 일은 아니었다. 군대는 예측 가능한 것을 좋아한다. 모든 업무는 계획에 맞게 이뤄져야 하고, 행정적인 예고가 돼 있지 않은 돌발적 업무는 추진하기가 물리적으로 어렵다. 반면 기자들의 업무 특성은 즉각적이며 돌발적이다. 북한에 조금만 이상한 동향이 감지돼도 밑도 끝도 없이 민간인 통제선 안으로 취재한답시고 쳐들어오려고 했다.

휴식을 맛보고 있던 어느 주말에 있었던 일이다.

"공보장교님, OO 뉴스 OOO 기자입니다. 오늘 북한 뉴스 보셨죠. 급하게 전방 취재를 좀 가야겠는데요. 출입 좀 부탁해요."

"오늘이요? 안 돼요. 미리 공문을 보내셨어야죠."

"갑자기 일이 발생해서 기사가 잡힌 걸 어떻게 해요. 북한이 예고하고 도발하는 건 아니잖아요."

"주말이라서 지금 결재할 사람도 없어요. 오늘 당장 출입하는 건 어려울 거 같네요."

"하, 참. 일단 알았어요."

맞는 말이다. 북한이 예고하고 도발한 적이 있던가. 북한은 주말이든 새벽이든 적의 휴식 따위는 보장해주지 않는다. 적이 가장 귀찮아하고 취약한 시간대가 언제인지를 잘 알고 일부러 괴롭히는 것 같다는 생각도 들었다. 잠시 후 상급 부대 장교가 전화가 온다.

"공보장교, 고생이 많네. 나 육군본부 OOO 소령인데. OO 뉴스 OOO 기자한테서 연락 왔었지? 오늘 급하게 들어가야 한대. 출입 좀 내줘."

"아, 네···. 본부에선 승인이 난 거죠?"

"그래, 여긴 이야기 됐어."

"알겠습니다."

솔직히 이렇게 말하고 싶었다. "근데 아시잖아요. 지금 보고하면 당직사령은 당연히 '왜 사전에 결재된 것도 아닌데 기자가 지금 들어가느냐'고 할 거잖아요. 저만 또 욕먹게 생겼네요"라고 말이다. 하지만 중위 공보장교가 소령에게 맘껏 하소연할 수 없다. 군대는 계급 사회다.

예고되지 않은 출입이나 취재지원을 싫어하는 군대와, 그 반대의 업무 성격을 가진 기자들 사이에서 공보장교는 이처럼 샌드위치가 되는 일이 흔했다. 사이에 끼어 있다고는 하나 내 신분은 어디까지나 군인이었다. 주말에도 불쑥불쑥 민통선 출입을 당연하게 요구하는 기자들의 일방적 태도를 볼 때면 가끔 머리 뚜껑이 열렸다. 고성이 오간 적도 수차례였다. (기자가 되고 나서 다행히 그들은 김 기자를 기억하지 못했다. 그렇게 믿고 있다.) 주적이 북한인지 기자들인지 오락가락 생각이 들 정도였다.

그때만 해도 기자는 상종해선 안 될, 마주하기 싫은 인간들이었다. 내 삶의 안락함을 빼앗는 이들이었으니 좋은 감정이 들지 않았다. 기자 명함을 마치 만능 하이패스처럼 들고 다니며 으스대는 기자들도 있었다. 그런 생각이 강해서였는지 기자를 상대할 땐 불가근불가원이었다. 최소한의 예의는 지키되 애써 다가가지는 않았다. 그래도 전역일이 다가오자 마음은 느슨해졌다. 군대 말년은 원래 세상이 아름답게 보이는 법이다. 그럴 땐 자주 보는 기자들과 한 번씩 식사도 했다.

"전역하면 뭐 할 거예요?"

"아직 이렇다 할 계획은 없어요. 시간을 좀 두고 생각해 보려고요."

"기자 한번 해볼 생각은 없어요?"

"아. 네. 기자가 되기가 쉽지 않죠? 그리고 저랑은 잘 안 맞는 것 같아요. 기자가 되기도 어렵겠지만. 별로 생각이···."

그때만 해도 기자를 하고 싶다는 생각은 전혀 들지 않았다.

06

왜 기자가
됐을까?

기자를 그토록 싫어했는데

전역하고 1년 정도는 자유롭게 보냈다. 그러다 서른이 됐고, 진로를 정해야 했다. 서른을 넘겨서도 백수로 지낼 수는 없었다. 배운 게 도둑질이라고 했던가. 놀랍게도 어느 날 내 진로는 기자로 향하고 있었다. 사실 기자들을 마주할 때에야 싫은 면만 보였는데, 흥분을 가라앉히고 나니 기자라는 직업이 가진 상당한 매력이 보이기 시작했다.

기자는 역사의 현장을 직접 눈으로 보고, 직접 물을 수 있다. 남이 물은 것들을 전해 듣지 않고, 자신이 묻고 들은 걸 다른 사람에게 전할 수 있다. GOP에서 1년 365일 보던 북한의 모습도 안보가 주된 업무인 군인들 외에 민간인이 보기는 쉽지 않다. 그걸 기자들은 볼 수 있었다. 다른 직업은 역사적인 현장을 뉴스를 통해서 보는 정도이지 실제 현장에서 볼 기회는 많지 않다.

기자는 또 고위직도 기자라는 이유로 만날 수 있다. 일반 기업에 신입사원으로 취직한다면 만나기 어려운 사람들을 기자는 비교적 쉽게 만난다. 기자가 아니라면 가능하지 않은 일들이다. 게다가 기자들은 한 부서, 같은 출입처만 취재하지 않는다. 국방부도 갔다가 출입처가 바뀌면 또 온 동네방네, 전국 방방곡곡, 원하는 출입처를 취재할 수 있다. 물론 기자가 되고 보니 언론사도 하나의 조직체라 모든 구성원이 원하는 출입처를 취재할 수 있는 건 아니라는 걸 알게 됐다.

기자들에게 '왜 기자가 되고 싶었냐'라고 물어보면 각양각색의 대답이 나올 것이다. '세상을 변화시키기 위해', '더 나은 세상을 위해', '거대 권력의 민낯을 파헤치는 특종 기자가 되기 위해' 등등. 나의 경우도 이런 멋들어진 이유가 없었던 것은 아니다. 기자 지망생이라면 정도의 차이는 있겠지만 사회 변화에 대한 의지는 누구나 있다. 여기에 기자가 된 이유를 솔직하게 하나만 더 보태자면 '평범하게 살고 싶지는 않아서'다. 남들과는 조금은 다르게 살고 싶었다. 다른 직업은 매력적으로 느껴지지 않았다.

이렇게 말하면 '너는 먹고 살 만했구나'라고 오해할 수 있지만, 취업 준비생 당시 당면했던 현실을 돌아보면 그렇지도 않았다. 서른이 넘어 도전한 기자 시험은 기약이 없었고, 언제 백수를 탈출할지 알 수 없었다. 고향에는 내가 어느 기업이든 원서라도 한번 넣길 고대하는 부모님이 있었다. 장교 복무 때 받아 저축해둔 월급도 어느덧 바닥을 드러내던 시기였다. 그러나 나는 젊었고, 부모님의 기대보다는 내가 하고 싶은 일을 하는 게 더 중요하다고 생각했다. 이토록 매력적인 직업을 그냥 포기할 수 없었다. 미워하다 사랑하면 걷잡을 수 없다고 했던가. 한번 마음먹은 이상 돌이키기가 어려웠다.

내 삶의 비공식 좌우명인 '에라 모르겠다', '까짓것'을 내세우며 일단 밀어붙였다.

기자가 너무나 하고 싶은데 현실의 벽은 높았다. 취업준비생인 나에게 준비된 것이라고는 그 흔한 토익 점수 하나 없었다. 학점도 변변찮았다. 기자가 되고 나서 알게 된 사실인데 동기 중 토익 점수 등 스펙은 내가 제일 밑바닥이었다. 나이는 또 내가 제일 많았다. 악조건은 다 갖춘 셈이었다.

준비되지 않은 내가 언론고시라고도 불리는 시험의 벽을 넘기 위해선 남들보다 더 노력하는 수밖에 없었다. 새벽 토익반에 등록하고 스터디를 여러 군데 지원해서 글을 써 나갔고 상식을 달달 외웠다. 스터디는 초반에 논술 작문 스터디 두 개를 들었다. 그러다가 일반 상식 스터디, 기사 작성 및 실무 스터디 하나씩 더 들었다. 버거울 정도였지만, 늦깎이 준비생으로서 이렇게 하지 않으면 안 됐다. 좀 더 젊었다면 '올해 안 되면 내년에 다시 한 번 도전해야지'라고 마음이라도 먹을 텐데, 올해 안 되면 내년엔 서른한 살이었다. 내년에도 되리라는 기약이 없었기에 그만큼 간절했다.

첫 석 달은 토익에 집중했다. 열심히 했는데 점수는 800점대 초중반을 넘어서질 못했다. 언제까지 토익을 붙잡고 있을 수는 없었다. 그래도 언론사 지원 커트라인이 통상 820점, 그 점수는 넘었으니 그만하자 싶었다. 고득점이면 좋겠지만 언론사는 상대적으로 토익이나 학점보다 논술 작문, 실무 평가 등 다른 평가 비중이 컸다. 그걸로 승부를 볼 생각이었다.

마음은 간절했지만 기자 시험은 녹록지 않았다. 상반기에는 서류 통과가 한 번도 된 적이 없었다. 뭔가 문제가 있었다. '이 길이 아닌가, 잘못 들어섰는데 내 고집 때문에 밀어붙이는 건 아닌가, 나이가 커트라인이 된 건가' 나 자신에게 참 많은 질문을 던졌던 시간이었다. 아직 하반기가 남아있었다. 혼자서만 끙끙대던 자기소개서를 주변 몇몇에 보여줬다. "자소서는 이런 식으로 쓰면 안 된다"라는 피드백과 함께 "자소서를 무슨 이력의 나열식으로 쓰느냐"라는 구박을 들었다. 비판은 쓴맛이었지만, 결과는 달았다. 그렇게 자소서에 단순 나열이 아닌 스토리를 가미한 뒤로는 서류가 웬만하면 통과됐다. 다행히 하반기에 필기시험과 실무 평가, 압박 면접에 이어 최종 합격, 기자의 길로 들어서게 됐다.

기자로 진로를 정한 게 2010년 1월, 최종 합격 연락을 받은 게 2010년 10월이었다. 열 달이 걸렸다. 남들보다 늦은 나이에 시작했지만, 준비 기간으로만 보자면 상당히 빨리 된 편이다. 공보장교와 같은 실무적 경험들이 기자 지망생이었던 나에게 상당히 긍정적 요소로 작용했던 것 같다. 정훈공보장교를 하면서 썼던 수많은 보도자료, GOP에서 온갖 잡무를 하던 와중에도 매주 A4 4장 분량으로 발간했던 부대 소식지가 생각났다. 처음엔 아무도 알아주지 않던 소식지였지만, 끈질기게 했다. 그 소식지에서 발굴한 'GOP를 지키는 다섯 쌍둥이' 기사는 중앙일간지 전 매체에 보도됐고, 합참의장이 GOP에 방문 당시 그 소식지를 극찬하고 간 뒤로는 주가가 급등하기도 했다. 기자가 될 수 있었던 건 축적의 힘이 만들어 낸 결과라는 생각이 든다. 시험을 준비할 당시 국어에 대한 자신감이 있었던 건 이런 이유에서였다. 토익은 열심히 한다고 해도 점수가 오르지 않았지만, 처음 본 KBS한국어능력시험 평가에선 나름 높은 점수인 2급이 나왔다. 글쓰기 스터디를 할 때 내 글은 대체로 평균 이상의 평가를 받았던 것 같다.

기자가 되고 나서는 '역지사지'를 늘 마음속에 품고 있다. 공보장교를 하면서 기자들에게 시달린 경험을 십분 활용, 상대방인 취재원을 최대한 배려하는 선에서 취재하려 노력한다. 어딘가에서 기자들의 갑질 이야기가 들리면 지금도 화가 난다. 주변에선 좀 더 공격적으로 취재하고 기사를 쓰라는 조언을 하기도 하지만, 체질적으로 그렇게 안 되는 건 어쩔 수 없다.

질문에서도 일방통행은 곤란하다는 생각을 여전히 하고 있다. 결국 좋은 질문에 좋은 대답을 얻을 수 있는 건 쌍방 작용을 통해서다. 아무리 화려한 미사여구와 단어들을 사용해 묻는디 헤도, 또는 강압적으로 윽박지른다고 해도, 상대방의 마음이 닫혀 있다면 아무 소용이 없다.

질문 못하는
기자들?

기자가 된 직후인 2010년 11월 12일 서울 코엑스에서는 주요 20개
국(G20) 서울 정상회의 폐막식 기자회견이 열렸다. 버락 오바마 미국
대통령이 폐막 연설 이후 외신 기자들의 질문을 받은 뒤 "한국 기자들
에게 질문권을 주고 싶다"라고 했지만 정적이 흘렀다. 거듭된 요청에
도 아무도 질문하지 않았고, 오히려 중국 기자가 질문했다.

'질문 못하는 한국 기자들'이라는 비판이 이어졌고, '질문하지 않는
한국 교육의 문제점'으로 논점이 확대되기도 했다. 이 장면은 잊을 만
하면 한 번씩 거론된다. 질문과 관련한 책에서도 단골 메뉴로 등장한

다. 이유야 어찌 됐든 질문하는 게 직업인 기자들이 묻지 않았다는 것은 언론계의 흑역사임이 분명하다.

기자 초년병 시절에 그 사건을 접하면서 '기자들이 질문 못했던 이유가 뭘까, 내가 그 현장에 있었다면 어땠을까' 고민해 봤다. 오바마 대통령이 갑자기 한국 기자들에게 질문권을 던졌던 돌발 상황이 핑곗거리일 수 있다. 아니면 앞서 질문을 던진 미국이나 외신 기자들이 유창한 영어를 사용했던 터라 한국 기자들의 영어 울렁증 때문이었을 수 있다. 종합해 보면 결국 이유는 '준비의 부재'다.

최소한 현장에 가기 전 대비를 했어야만 했다. 설사 그날 질문이 외신 기자들을 대상으로 하는 것이라 했더라도 현장에선 어떤 상황이 발생할지 모른다. 질문권이 언제든 자신에게 올 수 있다. 중복을 피하기 위해 세 가지 정도 질문은 준비했어야 했다. 여유분으로 아무도 하지 않을 만한, 현안에서 조금은 비켜선 '외곽 질문' 하나 정도는 대비해 놨어야 했다. 나처럼 영어를 잘 못하는 기자라도 영어 질문 정도는 시간을 들이면 마련할 수 있다. 통역이 지원되는 자리라면 그런 수고를 덜 수 있지만, 불명확하다면 대비가 필요했다. 궁하면 궁할수록 준비는 더 필요한 법이다. 돌발 상황, 제한된 상황을 이길 수 있는 건 준비의 힘이다.

질문하는 직업을 갖게 되면서 준비의 힘을 절실히 느꼈다. 나는 그걸 '107%의 준비'라고 표현한다. 110%는 넘치는 느낌이고, 105%는 좀 부족해 보인다. 적정한 수준의 준비를 강조하는 의미를 담고, 완전함을 상징하는 숫자인 7을 사용해 107%라고 표현한다. 업무뿐 아니라 인간관계에서 사용하는 질문에도 107% 준비는 도움이 된다. 준비된 질문이 첫 만남 자리에서 민망한 정적을 깰 수 있다. 7%를 넘어선 영역은 현장에서 나오는 대화를 통해 자연스럽게 이어가면 된다. +7%는 대화를 윤택하게 한다.

이런 준비를 현장에서 어떻게 했는지 3장에서 다루기에 앞서 2장에서 질문이 무엇인지 살펴보고자 한다. 질문의 속성을 들여다보면 왜 질문 준비가 중요한지를 알 수 있기 때문이다.

00:02:37

Part 2

질문에 대하여

4K I 1920 x 1080
60FPS I 80 Mbps

질문이란

질문은 궁금한 걸 물어보는 것이다. 사전적 정의는 '알고자 하는 바를 얻기 위해 물음'이다. 바탕 질(質), 물을 문(問)이 결합한 단어다. 바탕은 곧 사물의 기초나 근본을 일컫는다. 즉, 질문은 기초나 근본에 대해 묻는 것이다.

예리함을 기준으로 구분한다면 '질문이 날카롭다'는 말은 '본질에 가까운 부분을 건드렸다'는 의미다. '무딘 질문'은 그 반대로 해석할 수 있다. 실체와 거리가 먼 부분을 묻는 것은 '피상적 질문', 가까울수록 '본질적 질문'이다. 구체성에 따라선 '추상적 질문', '구체적 질문'으로,

사용 빈도에 따라서는 '일상적 질문', '비일상적 질문'으로 나눌 수 있다. 수준에 따라서는 '유치한 질문', '평범한 질문', '난해한 질문'이라는 말 등을 사용한다.

질문 대상에 따라서도 구분된다. 나에게 묻는 건 '존재적 질문'이다. 인간관계에서 상대방에게 물을 땐 '관계적 질문', 업무 현장에서 사용하는 '목적적 질문'이 있다. 이 구분은 이 책의 주제와도 연관돼 있어서 2장의 마지막 부분에서 다뤄보려고 한다.

어떤 현상을 대할 때 처음부터 본질적이거나 구체적인 질문을 던지기는 쉽지 않다. 표면적인 질문을 던지다 보면 점점 깊은 곳을 들여다보고 싶은 마음이 생긴다. 알고자 하는 본성, 호기심 등의 작용으로 질문도 포장지를 들춰 보는 단계에서, 점차 깊이 들여다보려는 심화 단계로 발전한다.

아이들은 "이건 뭐야?", "기차가 뭐야?", "천둥이 뭐야?", "설거지가 뭐야?", "고모가 뭐야?"라고 주변에 발생하는 현상과 관련해 궁금증이 생기는 대로 묻는다. 그러다가 눈에 보이지 않는 것들에 대해서도 묻기 시작한다. "사랑이 뭐야?", "공기가 뭐야?"라고 한다. 어른들에게는 뻔한 내용일지 몰라도 아이들에게 설명하기가 쉽지 않다. 사랑을 말로 어떻게 설명해야 할까. 매일 쏟아져 나오는 유행가에서도 가사마다 사랑을 달리 표현하고 있다. 그렇다면 공기는 어떻게 설명해야 할까. 공기는 현상이긴 하지만, 눈에 보이지 않는다. 공기는 공기인데 공기를 공기라고 설명하기 어렵다. 나는 아이들에게 사랑은 '포근하게 안아줬을 때 느껴지는 따뜻함'이라고 설명했고, 공기는 '풍선에 바람을 불어넣고 나서 그 안에 있는 것'이라고 했다. 질문이 간단하다고 해서 대답도 같으리라는 보장은 없다. 10명의 부모가 있다면 대답은 10가지가 나올 수 있다.

질문은 이처럼 현상, 본질, 관념에 대해 무궁무진한 대답을 도출할 만한 것을 묻는 것이기에 엄청난 행위라고 할 수 있다. 그러면서도 질문은 거창하지 않다. 우리네 인생이 필부필부(匹夫匹婦·평범한 남녀)의 이야기이고 평범함이 곧 인간사의 기본이듯, 평범함에 대해 대답을 구하는 것이 질문이다. 평범함 속에 별 뜻 없이 편하게 묻는 말 한마디도 질문이다.

질문의
기초적 속성

질문은 다양한 얼굴을 가지고 있다.

사실 확인

질문은 기본적으로 궁금함을 해결하기 위한 목적으로 사용된다.

> "영끌이 무슨 말이야?"
>
> "네, 어르신 '영혼까지 끌어모은다'의 준말입니다."
>
> "뭘 그렇게 영혼까지 끌어모은대?"

"젊은 사람들이 집 살 때요. 요즘 영혼까지 탈탈 끌어모아도 살까 말까 하잖아요. 아뇨 못 사죠. 그러니까 영끌이라는 말을 쓰는 거예요."

어느 날 현장 취재를 갔다가 기사 작성을 하러 카페에 들렀다. 일반 프랜차이즈 카페처럼 주문과 동시에 결제하는 방식이 아니라, 선주문 후결제였다. 주문을 하고 커피를 마신 뒤 그냥 나왔다. 점원이 뒤따라 나와 묻는다.

"혹시 아메리카노 주문하셨던 거 결제는 하셨나요? 제가 잘 기억이 안 나서요."
"앗. 제가 깜빡했네요. 죄송합니다."
"아뇨. 저도 깜빡깜빡할 때가 있어서요. 잘 생각이 안 나서 여쭤본 거예요. 그리고 저희 카페는 후불이라 모르고 나가시는 분들이 많은 편이에요."

점원이 "손님, 왜 계산을 안 하고 그냥 가세요?"라면서 따질 법도 했지만 이 점원은 정중한 질문을 택했다. 질문의 태도에 따라서도 듣는 사람의 기분이 180도 달라질 수 있다. 이런 소소한 일상만 보더라도 하루하루는 질문의 연속이다.

질문은 타인에 대한 관심을 표현하는 수단이 된다.

"당신 얼굴이 좀 안 좋아 보이는데, 무슨 일 있어?"
"아뇨. 요즘 코로나 때문에 밖에 잘 나가지 못하니 기운이 없나 봐요."

고백할 때도 사용된다. 영화 〈노팅힐〉에선 서점을 운영하는 남자 '윌리엄 태커'(휴 그랜트)가 세계적인 스타 '애나 스콧'(줄리아 로버츠)의 인기가 부담스러워 그녀의 고백을 거절한다. 태커는 자신이 실수했다는 것을 깨닫고 스콧이 떠나기 전 마지막 기자회견 장소로 달려간다. 손을 들고 질문권을 얻은 태커는 스콧에게 묻는다.

"혹시 두 분(태커와 스콧)이 친구 이상일 가능성은 없습니까?"
"저도 그러길 바랐는데 틀린 것 같아요."
"만약‥‥. (매니저는 한 번만 질문하라고 가로막지만)"
"괜찮아요. 질문이 뭐죠?"
"그냥 궁금해서 그러는데 만약 그분이, 만약 태커가 멍청했다는 걸 깨닫고는 무릎을 꿇은 채 재고해달라고 사정한다면 재고해 주시겠습니까?”

“(미소 지으며) 그럴 거예요.”

'남자 신데렐라'를 다룬 이 영화는 해피엔딩으로 끝난다.

평서문의 변형

우리가 날마다 사용하는 “안녕하세요?”도 질문 형식이다. 이 말을 듣고 “네, 안녕합니다” 또는 “아니요, 안녕하지 않습니다”라고 답하지 않는 걸 보면 의문문으로 보는 게 맞는지 의문이 든다. “안녕하세요”라는 인사에 똑같이 “안녕하세요”라고 서로 묻는 게 보편적이다. 물음표를 떼어내도 전혀 어색하지 않은 습관적인 말이라 할 수 있다. 그 사람의 안녕을 캐묻는다기보다는 안녕을 확인하는 차원에서 이 인사를 사용한다. 과거 궁하고 배고프던 시절에는 “식사하셨습니까?”가 안부를 묻는 인사말이었다.

출근길에 “과장님, 나오셨습니까?”, “김 대리, 나왔어?” 등으로 인사를 건넨다. 우리는 이 질문을 받고 “응, 왔어”, “네, 왔습니다”라는 식으로 굳이 대답하지 않는다. 그저 이런 대답은 생략한 채 “좋은 아침”,

"일찍 오셨네요" 등 한마디를 거든다. 그런 걸 보면 이런 질문은 의문문과 평서문 사이의 어느 즈음에서 사용된다고 봐야 한다.

저항과 항의

"오늘까지 보고서 작성을 마치라고요?" 별 뜻 없는 질문이라도 선배나 상급자에겐 소극적 저항의 의미로 인식되기도 한다. 확인차 물었지만 '이 자식 봐라. 하라면 할 것이지'라고 받아들일 수 있다. 뉘앙스가 조금만 심화하면 반항의 영역이다. "이걸 저보고 하라는 말씀이십니까?" 혹은 "이런 말도 안 되는 일을 저에게 지금 시키시는 겁니까?" 등은 질문 형식만 갖췄지 문장엔 물음표 대신 날이 서 있다.

나쁘게만 볼 건 아니다. 저항과 반항 형태의 질문은 부조리를 상식의 영역으로 변화시키는 역할도 한다. "노예제가 인간의 가치에 부합한가?"라는 질문이 없었다면 노예제 폐지를 이끌 수 있었겠는가. 알베르 카뮈는 《반항하는 인간》(김화영 옮김, 책세상, 2003)에서 반항하는 인간을 주인의 채찍질에 못 이겨 걸어가는 자가 몸을 획 돌려 주인과 맞선 것에 비유했다. 카뮈는 데카르트의 유명한 명제인 "나는 생각한다. 고로 나는 존재한다"를 차용해 "나는 반항한다. 그러므로 우리는 존재한다"

라고 했다.

이를 다시 한 번 차용하면 "나는 질문한다. 그러므로 우리는 존재한다"가 된다.

질문의 맛

대답하는 사람 입장에서 생각하면 '왜 자꾸 물어', '되게 귀찮게 하네', '나를 가만 내버려 두지 않는군'이라고 느낄 수 있다. 그럼에도 우리는 질문한다. 그것이 가능한 이유를 커뮤니케이션 컨설턴트인 도로시 리즈는 《질문의 7가지 힘》(노혜숙 옮김, 더난출판, 2016)에서 '응답반사'라는 개념을 이용해 설명한다. 사람들은 매일 여러 반사 작용을 경험하는데, 인간은 질문에 대답하도록 설계됐다는 것이다.

응답반사는 인간의 사회화 과정을 통해 길러진다고 보는 것이 옳다. 아이들은 '질문하면 엄마 아빠가 대답해 준다'는 반사 작용을 경험한다. 어린아이를 가르치는 대다수의 부모는 다행스럽게도 아이들이 속 사포처럼 쏟아내는 질문을 받아줄 준비가 돼 있다. 교육 과정도 마찬가지다. 주입식 교육이라는 비판을 받기는 하지만, 그래도 스승은 학생에게 "궁금하면 언제든 물어보세요"라고 말한다.

묻고 또 물으며 본질을 발견했을 때의 쾌감을 느껴본 적이 있는가. 풀리지 않는 수학 문제를 끙끙대다가 해답을 찾아냈을 때의 짜릿함과도 같다. 친구에서 연인으로 발전했을 때, 서로의 내밀한 것에 대해 물으며 알게 되는 깊은 맛이 있지 않은가.

이것을 나는 '질문의 맛'이라고 말한다. 취재를 하면서 질문을 통해 남이 모르는 정보를 나만 알게 됐을 때 심장이 두근거리는 그 느낌이 있다. 기자 일을 때려치우고 싶어도 그럴 수 없는 건 어쩌면 이 질문의 맛 때문이다.

질문에 대해 반사 작용을 경험한 정도는 사람마다 다르다. 질문의 맛은 맛볼수록 더 알게 된다. 괜찮은 대답을 얻은 경험이 많을수록 더 많은 질문을 하게 된다. 효과적으로 대답을 얻기 위해 어떻게 질문할지를 고민하게 된다. 질문은 더 깊어지고 자연스러워진다.

질문의 맛을 본 사람은 상대가 귀찮게 느낀다고 해도, 염치 불구하고 용기를 내서 질문하게 되는 것이다.

관심 있는 곳에
질문이 있다

"아빠 치명상이 뭐야?"

"응, 다칠 때 아프잖아. 심하게 다칠 때 치명상이라고 해."

"타격은 뭐야?"

"때린다는 거."

"분노는 뭐야?"

"무척 화가 났을 때 있잖아. 그걸 분노라고 해."

"반격은 뭐야?"

"한 대 맞고 나서 가만있지 않고 되돌려주는 걸 반격이라고 해."

9살 아이가 동물들 간에 싸우는 내용을 다룬 책을 보더니 이런 질문을 던진다. 아이가 물어보는 '치명상, 타격, 분노, 반격' 등의 단어가 굉장히 전투적이다. 아이는 책이 흥미로웠던지 다른 책을 읽을 때보다 질문이 더 많다. 관심이 있으면 질문거리가 더 생긴다. 질문이 많다는 것은 미지의 영역을 조금씩 알아간다는 의미이기에 긍정적이다. 전체 인생에서 미지의 영역을 줄이고 지의 영역이 늘어간다는 의미. 만학도를 두고 누군가는 '그렇게 늦은 나이에 공부해서 뭐하느냐'고 할지 모르지만, 지의 영역을 끊임없이 개척한다는 점에서 본받을 만하다.

궁금해야 묻게 된다. 궁금함을 해소하려는 의지가 있을 때 질문이 나올 수 있다. 목적이 분명할수록 질문은 늘어난다.

궁금함을 없애려는 의지의 차이는 주변에서 찾을 수 있다. 어느 날 가입해 있는 풋살 채팅방에서 "이번 토요일 OO 풋살장에서 경기하려고 합니다. 참불(참석·불참) 투표해 주세요."라는 공지가 올라왔다. 답답했다. 공지를 하면서 요일만 있고, 시간을 빠뜨린 것이다. 나는 곧바로 "시간은요?"라고 물어봤다. "앗, 시간을 빠뜨렸군요. 8~10시입니다." 답답함이 한 번 더 쌓였다. "오전 8시 말하는 건가요? 오후 8시 말하는 건가요?" 토요일은 구장 예약이 쉽지 않아 이른 시간에 하는 날도 있고, 오후 늦게 하는 날도 있다. 저런 식으로 공지하면 오전인지 오후인지 어떻게 알겠는가. "죄송합니다. 오전 8시입니다." 관심이 없었다면 묻지 않았을 것이다. 축구를 좋아하는 나는 공차는 날을 손꼽아 기다린다. 다음날 경기가 있으면 소풍을 앞둔 학생처럼 설렌다. 잘못된 공지로 혹시나 경기가 무산되지나 않을까 하는 조바심이 생긴다. 정확한 사실 관계를 확인하고자 묻고 또 물은 것이다. 반면 다른 단체 채팅방에서는 "다음 주 토요일 오랜만에 등산하려고 합니다. OO산역에 OO시에 모여서…." 이런 공지가 올라왔다. 등산에 큰 관심이 없어서인지 공지에 눈길이 가지 않았다. 물을 이유도 없었다.

질문은 삶의 자세와도 연결된다. 만사가 귀찮을 때 누군가에게 안부조차 묻는 것이 버겁다. 하지만 삶이 의욕으로 충만해 있을 땐, 안부도 궁금하고 그의 일거수일투족에 관심이 간다. 최진석은 ≪탁월한 사유의 시선≫(21세기북스, 2018)에서 "질문이 일어나려면 우선 궁금증과 호기심이 발동해야만 한다. 자신에게만 있는 이 궁금증과 호기심이 안에 머물지 못하고 밖으로 튀어나오는 일, 이것이 질문"이라고 말한다.

사랑에 눈을 뜨게 되면 걷잡을 수 없는 감정에 수많은 질문이 입가를 맴돌다가 결국 터져 나온다.

"사랑인지 알 수 있는 방법을 가르쳐줘요. 확실한 증거 같은 거."

"우주가 얼마나 크죠?"

"끝없을 정도로."

"그걸 어떻게 알죠? 본 적도 없으면서."

"본 적은 없죠. 그렇지만 그렇다고 믿는 거죠."

"사랑도 똑같은 거예요."

영화 〈뷰티풀 마인드〉에서 존 내쉬(러셀 크로우)와 그에게 사랑을 알려준 알리샤(제니퍼 코넬리)의 대화다. 내쉬는 온갖 난제를 풀어내는 천재 수학자지만 어떤 수학보다도 풀기 어려운 '사랑'이라는 감정을 만나게 됐다. 이전에는 알지 못했던 색다른 분야의 질문이 그를 휘감게 된 것이다.

질문은 자신의 관심 분야를 반영하는 동시에 삶의 자세를 대변해준다. 질문을 하고 있는가. 아니면 질문은커녕 대답하는 것만으로도 버겁게 느껴지지는 않는가.

05

질문은 정보가
적은 곳에서
많은 곳을 향한다

한 사람의 성장 과정은 '질문 일대기'라고 할 수 있다. 달리 말하면 정보 격차를 줄여 나가는 여정이다. 질문은 말을 배우기 전부터 시작된다. 아이들은 호기심 많은 표정, 때로는 답답한 표정으로 낯선 물건을 가리킨다. 그게 뭔지를 해소해 주지 않으면 울음이 터진다. 말이 아닌 몸으로 하는 질문이다. 말을 배우면서부터는 "엄마 이건 뭐야?", "아빠 저건 뭐 하는 거야?" 쉴 새 없이 질문이 날아온다.

정보가 적은 사람이 정보가 많은 사람에게 질문을 던지는 게 대체적이다. 정보가 적은 아이가 정보가 많은 부모에게 질문하고, 정보가 적은 학생이 정보가 많은 교사에게 질문한다. 반대의 예외적인 경우가 있지만, '테스트' 목적의 질문 등으로 국한된다. 정보가 많은 면접관이 정보가 적은 지원자에게 질문하거나, 정보가 많은 출제자가 정보가 적은 응시자에게 문제를 내는 경우다.

어떤 정보냐에 따라 질문으로 얻을 수 있는 가치는 달라진다. 고급 정보를 대상으로 한 질문일수록 획득할 수 있는 대답의 가치는 커진다고 봐야 할 것이다.

정보의 등급을 살펴보면 우선 너도 알고 나도 알고 그도 아는 정보는 등급이 낮은 정보다. 등급이 낮을수록 질문이 발생할 확률도 비례해서 낮아진다. 누구나 아는 내용은 질문할 일이 많지 않다. 남들이 다 아는 이런 기본적인 정보조차 제대로 몰라서 뒷북치는 사람이라면 일단 기본기에 충실할 필요가 있다. 너도 알고 나도 알지만 그는 모르는 정보는 2단계 등급이다. 적어도 그는 알지 못하기에 가치가 올라간다. 이럴 땐 이 정보를 알지 못하는 그의 질문이 발생할 확률이 높다. 너도 모르고 나도 모르는데 그만 아는 정보는 3단계 정보다. 고급 정보쯤 된다. 그가 정보의 우위를 점하는 상황이다. 나와 너의 질문이 발생한다. 그만 아는 고급 정보가 내 일에 중요하다면 알아내야만 한다. 그가 입을 열도록 설득해야 한다. 너도나도 그도 모르지만, 극소수만 아는 정보는 4단계 정보다. 희귀한 최고급 정보로 기자 입장에서 보면 탐나는 정보다. 일간지 기자는 하루살이지만 이런 정보를 하나 건지면 며칠은 속 편히 지낼 만하다.

정보가 많은 사람을 제대로 공략해 질문했다면 정보가 적은 사람에게로 정보가 흘러내리게 된다. 공략을 못 했다면 정보가 많은 사람은 그대로 많고, 적은 사람은 그대로 적을 것이다. 질문을 통해 쟁취해 내야 한다. 하지만 질문 받는 상대가 그것을 귀찮아할 수 있다. 그래서 우리는 그를 배려하면서 여전히 정보의 약자로 남을 것인가, 아니면 그를 다소 귀찮게 하더라도 정보를 뽑아낼 것인가를 선택해야 한다. 생업이 걸린 문제라면 잠자코 있을 것인가.

06

질문은
기브 앤드 테이크

정보가 적은 사람이 많은 사람에게 질문함에도 불구하고 질문은 구걸이 아니다. 주는 것 없이 대답을 받으려 떼쓰기만 한다고 순순히 응할 사람이 어디 있겠는가. 주는 게 있으면 받는 것도 있다는 '기브 앤드 테이크'(give and take)가 지켜지는 게 질문의 영역이다. 기브 앤드 테이크의 유일한 예외는 아이들의 폭풍 질문에 인내하며 답해주는 부모밖에 없다고 보는 게 정확하다.

질문자보다 대답하는 사람은 우위를 점하고 있다. 질문자는 아쉬운 소리를 해야 하는 반면 대답하는 사람은 답을 해줄 의무는 없다. 대답

해도 되고 안 해도 된다. 대답을 하도록 만드는 게 질문자의 역량이다. 준비와 노력 없이는 좀처럼 그의 입을 열기가 어렵다. 상대가 정보를 주게끔 질문자는 상대가 정보를 줄 만한 동기를 제공해야 한다.

내가 국회에서 만난 정치인들 역시 '아낌없이 주는 나무'가 아니다. 수혜를 베푸는 차원에서 질문에 답하는 게 아니다. 묻는다고 순순히 대답하는 의원은 한 사람도 없다. 아무런 이해관계가 없는, 얻을 것도 없는 일에 그가 대답할 의무는 없지 않겠는가.

나의 질문에 대한 대답을 듣기 위해선 평소 그와의 돈독한 관계든 친밀한 관계든 친밀도를 구축해 놓아야 한다. 적어도 급할 때 전화하면 받을 수 있도록 사전에 인사도 하고 얼굴도장도 찍어야 한다. 자주 그의 사무실에 들러 인사하면서 대면 접촉을 늘려야 한다. 처음엔 단순 정보만 이야기하던 상대가 친밀도가 높아질수록 대답의 밀도도 높아지는 걸 경험했다. 또 정치 영역에선 하나부터 열까지가 정치적 행위로 연결된다. 국회의원에게 질문하고, 그 대답을 바탕으로 기사를 쓴다. 그때 그 기사는 단순히 알림성 기능만 있는 게 아니다. 그 기사는 다시 정치에 영향을 준다. 그의 발언이 돌아오면 다시 기사의 방향이 달라진다. 돌고 도는 관계다. 그도 자신의 목적을 달성하기 위해 질문에 답을 하게 된다. 주고받기가 이뤄지는 것이다.

인간관계에서도 마찬가지다. 그가 질문에 대답하는 이유를 가만히 들여다보면 '이기적 동기'가 작용한다는 걸 알 수 있다. '이기적 동기' 중에는 인간적 매력을 들 수 있다. A 씨는 소개팅에서 만난 B 씨가 마음에 든다. B 씨의 질문에 A 씨는 적극적으로 자신을 보여줄 확률이 높다. 전략상 일시적으로 소극적 태도를 보일지언정 말이다. B 씨의 매력은 A 씨가 자신에 관한 정보를 내줘도 괜찮겠다는 동기로 작용한다.

업무에서든 인간관계든 제대로 된 대답을 구하려 한다면 자신의 삶이 치열해질 수밖에 없다. 질문은 고상하지 않다. 상대방 입을 여느냐 마느냐 하는 문제인데 고상할 수 있겠는가.

07

질문 활용

질문을 가장한 OO, 질문을 활용한 OO.

질문은 변형된 형태로 활용된다. OO에 들어갈 말은 여러 가지다. 예를 들어 '자랑'이라는 말을 넣어볼 수 있다. 고3 시절 수능 가채점을 했더니 나쁘지 않은 점수가 나왔다. 어머니는 기분이 좋으셨는지 곧장 누군가에게 전화를 건다. "똘이 엄마, 애는 수능 잘 봤어요?"라는 질문으로 시작했다. 똘이 엄마의 대답은 별로 중요치 않았다. 대답을 듣는 둥 마는 둥 하시더니 "글쎄 우리 애가 집에 와서 가채점했는데, OO점이 나왔더라고. 아이고. 어쩌면 좋아. 조금만 더 잘했으면 좋았을 텐데" 걱정 가득한 말투였지만, 입가엔 미소 가득이다. 똘이 엄마에겐 민망했지만, '이런 게 효도 아니겠나' 하는 생각이 들었다.

주변을 돌아보면 질문을 한다고 하면서 자랑하려는 사람들이 많다. 친척들이 모인 명절에 자식 자랑 경쟁이 시작된다. 누군가 질문을 던지면서 그 주제로 이야기를 끌고 가고 싶은 의도가 보인다. "얼마 전에 하는 그 프로그램 봤어요? 아이 공부시키는 이야긴데, 아유" 그러면서 자식 자랑이 뒤따른다. 이에 질세라, 취업난에 대한 주제를 누군가 던진다. 알고 보면 그 집에서 최근 취업을 한 자식이 있다. 질문은 자신이 하고 싶은 말을 꺼내는 유용한 도구가 된다.

질문을 가장한 충고, 질문을 가장한 비난, 질문을 가장한 사랑 표현 등도 있다. 질문은 이처럼 위장 전술의 도구로 요긴하다. 그러나 어떤 의도를 가지고 던진 위장 질문은 어설프게 했다가는 오히려 역효과다. 어떤 대선 주자는 한때 위협적인 지지율을 보이다가, 생방송 토론회에서 "제가 MB 아바타입니까?"라는 질문을 꺼내는 바람에 그대로 곤두박질쳤다. 생방송 토론회를 기점으로 지지율은 급하강했다.

누군가는 교과서적으로 "질문은 죄가 없다"라고 말한다. 그러나 우리의 현실은 좀 다르다. 질문은 어떻게 하느냐에 따라 대중의 냉혹한 평가를 받는다. 대통령 기자회견에서 대중들은 대통령의 답변뿐 아니라 질문을 한 기자와 그 내용을 평가하며 때로는 비방한다. 우리는 여전히 '질문 품평'에 익숙한 사회 분위기다. 이런 사회적 분위기를 무시한 채 '질문이 아닌 대답을 가지고 평가해야 한다'고 아무리 떠들어 봐야 우리 현실이 그렇지 않다.

그런 점에서 역설적이게도 질문을 하려면 잘해야 한다. 언젠가는 '질문은 뭘 해도 괜찮아, 맘껏 던져봐'라는 말이 통용되는 사회적 분위기가 형성될지 모른다. 하지만 최소한 지금은 '질문을 하려면 잘해야 해'라고 하는 게 솔직하다. 할 거면 준비해서 제대로 된 질문을 해야 한다. 질문 내용, 질문 뉘앙스, 어투와 행동 등에 대한 대비가 필요하다.

08

관계적 · 존재적 · 목적적 질문 구분

질문은 대상에 따라 구분된다. 제대로 된 질문은 이 구분을 할 줄 아는 데서부터 시작한다. 크게 보면 관계적 · 존재적 · 목적적 질문으로 나눌 수 있다.

사람 사이의 관계에서 나오는 질문은 '관계적 질문'이다. "라면 먹고 갈래요?", "오늘 입은 옷 어때 보여요?", "몸은 좀 좋아졌나요?", "다음 저녁 자리는 언제가 좋을까요?" 등은 관계를 중심으로 한다. 상대가 있을 때 던질 수 있다.

나의 내면을 향해 던지는 물음은 '존재적 질문'이다. '나는 누구인가', '어디에서 왔고 어디로 가는가'와 같이 '존재적 질문'은 상대가 없어도 할 수 있다. 이 질문을 통해 인간은 때로는 철학자가 된다. 자아도취 혹은 자기비하에 빠지는 것도 이런 존재적 질문이 출발점이다.

이 둘과 대비되는 '목적적 질문'이 있다. 일을 할 때, 업무적으로 사용하는 질문이다. 목적이 분명하다. 이 질문은 일이 되도록 하는 방향에 맞춰져야 한다. 직업에 따라 질문의 방식이나 내용은 다양하게 달라질 수 있다. 필자와 같이 많은 사람을 상대하는 기자의 질문과 한 분야를 깊이 파는 연구자의 질문이 다른 것처럼 말이다.

질문을 잘하기 위해선 이런 관계적·존재적·목적적 질문을 제대로 구분해야 한다. '관계적 질문'의 경우 순발력이 중요하게 작용한다. 순발력은 후천적인 노력도 중요하지만 타고난 성향에 많은 영향을 받는다. 가수 이승철이 엠넷의 오디션 프로그램 슈퍼스타K 심사위원으로 출연해 "가수는 선천적으로 타고나는 것", "연습해서 할 수 있는 것이 아니다"라는 평가를 자주 한 것에 비유할 수 있다. 관계적 질문에선 이러한 성향이 중시될지 모른다.

그러나 '목적적 질문'에서도 순발력만으로 통할 수 있다고 생각하는 건 큰 오산이다. 일터에서 순발력만 믿고 대비 없이 질문했다가 목적 달성에 실패하기 쉽다. 이승철이 언급했던 선천성이 '관계적 질문'뿐 아니라 '목적적 질문'에서도 결정적이라면 좌절할 일이다. 그러나 다행 스럽게도 일을 할 땐 그렇지 않다는 것을 알게 됐다.

이어지는 3장에서는 타고난 성향은 부족할지 몰라도, 목적이 분명한 업무에서만큼은 질문에 뒤처지지 않은 김 기자 이야기를 담았다. 김 기자가 일터에서 제대로 된 '목적적 질문'을 위해 어떻게 준비했는지 고군분투한 과정이 각종 에피소드와 함께 담겨 있다.

Part 3

질문,
어떻게 해야 할까?

4K I 1920 x 1080
60FPS I 80 Mbps

- Part 3은 실화를 바탕으로 각색했다. 등장인물은 편의상 가명을 사용했음을 밝힌다.

- 에피소드에 등장하는 정당 명칭 등을 통해 이야기가 전개된 시기를 참고하면 된다. 김기자
  는 2011년~ 한나라당(새누리당), 2013년~ 검찰·법원, 2016년~ 국민의당, 2017년~
  더불어민주당 등을 출입했다.

- 에피소드 중간중간 짧은 이야깃거리를 추가했다.

1장 준비한 만큼 물을 수 있다

김 기자,
공부 좀 해

▶ 하고자 하는 질문을 '내 것'으로 만들자

   – 두루뭉술한 질문은 피하기

   – 확신이 들 때까지 준비하기

등장인물 : 소장파이자 자타공인 실력파 이경제 의원

김 기자의 초년병 시절 이야기다. 18대 국회에서 여당인 한나라당을 출입할 당시 당내에선 감세(減稅) 논쟁이 한창이었다. 당시 이명박 정부는 '과표 2억 원 초과 구간'에 대한 법인세 최고세율을 22%에서 20%로 인하키로 하는 등 세액의 일부를 면제하는 감세 방침을 정했다.

정부와 한나라당 내 구주류 측은 감세를 통해 경제성장률을 높이고 세수를 확대해야 한다고 주장했다. 하지만 한나라당 내 초선 의원을 중심으로 한 '소장파'에선 추가 감세를 철회해 소득 재분배 기능을 활성화해야 한다고 주장하며 이에 맞섰다. 당내에선 감세 정책뿐 아니라 반값 등록금 논쟁 등을 두고 신·구주류가 맞서 치열한 '좌회전 경쟁'을 펼쳤다. 한나라당은 2012년 대선에서도 경제 민주화를 주요 화두로 이끌고 갔다. 한나라당은 이후 여당 지위도 내주고 2020년 총선에선 참패했지만, 당시만 해도 여의도 이슈를 주도할 때였다.

세금, 재원 대책, 재정 등 정책 이슈가 정치권에서 활발하게 다뤄진다는 것은 곧 정치부 기자가 공부할 게 많아진다는 소리다. '정책 기사'는 공부하지 않고서는 취재원에게 웬만한 질문을 던지기 쉽지 않다. 정책 기사는 정무적 권력 관계를 주로 다루는 '정치 기사'와는 다르다. '정치 기사'는 정치인을 만나서 어느 계파에 힘이 실리고 있는지 등 권력 관계를 취재하는 것이 주된 일이다. 되도록 여러 정치인을 만나 권력의 속성을 체득하고 그 흐름을 이해해야 한다. '정치 기사'가 발로 뛰는 취재라면 '정책 기사'는 머리로 하는 취재다.

정당팀 막내였던 김 기자는 '정치 기사'뿐 아니라 '정책 기사'도 준비해야 했다. 정치외교학과를 나온 김 기자는 경제 파트에는 그리 자신이 없었다. 경제신문을 봐도 이해하지 못하는 내용 때문에 제목만 보면서 페이지를 넘기는 일이 많았다.

> 김 기자 : 오늘 의원님들 몇 분 모여서 감세 철회 이야기하셨다면서요?
>
> 이경제 의원 : 모여서 서로 조율 좀 했어. 감세가 지금 정부 방침대로 가면 되겠어? 우리 당이 이제는 성장만 외쳐선 안 되지.
>
> 김 기자 : 그렇죠. 그래서 어떻게 결론을 내신 거예요?
>
> 이경제 의원 : 그런데 김 기자. 내가 김 기자 생각해서 이야기하는 건데 질문을 그렇게 하면 안 되지. 공부 좀 해. 우리 안이야 이미 대부분 나와 있는 거고 구체적인 지점에 대해서 물어봐야지. 그냥 어떻게 할 거냐고 하면 내가 일일이 다 설명할 순 없잖아.

이 의원과의 질의응답에선 정책과 관련한 대화들이 매일같이 등장했다. 그렇다고 질문을 던지고 나서 이런 핀잔을 듣는 것은 자주 있는 일은 아니었다. 평소 친분이 있던 의원이라 김 기자에게 애정 어린 충고를 던져준 것이다. 사실 그냥 무시하면서 바쁘다고 하고 말면 그만이었을 테니까.

김 기자가 "어떻게 하기로 한 거예요?"라고 물었던 속내는 '대강 물으면 의원이 알아서 이야기해 주겠지'하고 기대했던 탓이었다. 그 결과 질문이 구체적이지 못하고 추상적인 선에서 그쳤다. 김 기자가 제대로 공부해서 다음과 같이 물었다면 의원과 나눈 대화가 훨씬 부드럽지 않 았을까.

> 김 기자 : '과표 ㄴ억 원 초과 100억 원 이하' 구간은 정부 방침대로 ㄴ%포인트 인하해서 ㄴ0%로 한다는 거고 '과표 100억 원 초과 구간'을 신설해서 현행 최고세율 ㄴㄴ%를 유지한다는 걸로 의견을 모으신 거죠?
>
> 이 의원 : 그렇지. 그중에서도····.

김 기자도 감세 철회 논쟁이 불거진 초반 여기저기서 수집한 정보를 통해 어느 정도는 내용 파악을 하고 있던 터였다. 하지만 김 기자는 그 것을 분명하게 '내 것'으로 만들지 못했기 때문에 확신이 없어 두루뭉 술하게 물을 수밖에 없었다. 그러다 보니 이 의원에게는 '김 기자가 답 변을 들을 준비가 되지 않았구나'라는 인상을 줬던 것이다.

김 기자는 그 뒤로 이경제 의원과 같은 '경제통'을 취재할 땐 더 단 단히 대비했다. 수첩에 예상 질문을 빼곡히 적었다. 상대가 이러이러한 답변을 했을 때, 어떻게 추가 질문을 던질까 등을 준비하며 전화 한 통

걸기 전 수첩 두세 장이 넘어가기 예사였다. 준비된 질문을 던졌을 땐 상대의 대답에도 성의가 묻어났다. 그 뒤로는 이경제 의원이 김 기자를 다른 사람에게 소개할 때 "공부하는 기자야. 실력 있어"라고 했다. 준비된 사람이라면 누군가는 알아주는 법이다.

〈질문 거리를 열심히 준비했건만〉

질문 대비를 했더라도 무용지물일 때가 있다. 김 기자가 국회에 출입한 지 얼마 안 돼 겪은 일이다. 과거 대권 주자로도 이름을 떨쳤던 A 의원을 만나러 갔다. '뒷방 영감'이 되긴 했어도 그의 정치적 이력을 보면 궁금한 것들이 많았다. A 의원의 전적을 추적해 가며 질문할 것도 준비했다. 하지만 의원실에서 그의 방문은 닫혀 있었다. 보좌관은 의원이 누군가와 긴밀히 면담 중이어서 시간을 내기 어렵겠다고 했다. 어쨌든 의원이 방에 있는 것을 확인했으니 "좀 있다 다시 오겠다"라고 했다. 1시간쯤 뒤 다시 찾아갔을 때도 여전히 그 상태였다. '무슨 이야기를 그리도 심각하게 하기에 여전히 문이 닫혀 있을까' 호기심이 생겼다. 보좌관과 이야길 하며 그의 방 쪽으로 걸어갔다. 그런데 웬걸. 방문 너머로 A 의원이 누군가와 바둑을 두는 소리가 들려왔다. 보좌관이 그제야 민망한 듯

"요즘 바둑에 재미를 붙이셔서…"라고 말했다. 다산 정약용은 목민심서(변진흥 엮음, 늘푸른소나무, 2019)에서 공직자들의 자세를 설명하며 "만약 시나 읊고 바둑이나 두면서 아래의 아전에게 정사를 내맡긴다면 그것은 매우 잘못된 일"이라고 했거늘, 한창 일해야 할 일과 시간에 의원실에서 바둑을 두다니! 질문거리를 적어놨던 메모지를 찢어 버렸다. 그리고 그 의원실을 다시는 찾아가지 않았다.

A 값이라고?
뭔 소린지

▶ 아는 만큼 들린다. '아'와 '어'의 차이까지 대비하자

- 관련 용어 꼼꼼히 파악하기
- 자극만 받지 말고 실천으로 옮기기

등장인물 : 비경제통이지만 노력하는 이일함 의원, 경제신문 박아라 기자

기자와 의원 사이에서 오가는 개별적 질의응답은 서로의 내공을 알아채는 수준에서 끝난다. 하지만 공식적인 기자회견이나 기자간담회에선 사정이 다르다. 김 기자는 당 정책위원회에서 정책 발표에 이은 질의응답을 하는 날이면 다른 기자들의 질문을 듣고 자극을 받곤 했다.

한나라당이 기초노령연금 지급액 인상을 당론으로 내건 적이 있었다. 65세 이상 노인이 대상이어서 노년층 표심을 공략했다는 말이 나왔다. 기초노령연금 수급 대상과 지원금 문제가 화두였다. 정책위의장인 이일함 의원이 기초노령연금 관련 정책 발표 기자간담회를 했다.

마감 시간에 쫓기던 김 기자는 기사 작성을 위해 기초노령연금에 대해 연구하고서 기자간담회에 들어갔다. 필요하면 질문도 던질 생각이었다.

> 이일함 의원 : 기초노령연금에 대해서는 상당 수준의 인상이 필요하다고 정부 측에 요구했습니다.

서론 부문까진 비교적 무난하게 흘러갔다. 하지만 곧이어 난관이 찾아왔다.

> 이일함 의원 : 정부에서 재정건전성을 위해 연금 재구조화를 추진하고 있는데, 추진은 하더라도 현재 연금을 받는 분들이 못 받게 되는 일이 없도록 분명히 하면서 인상검토를 당부했습니다. 기초노령연금 A 값은 현재 5%인데 이 부분에 대한 상당한 인상을 요구한 것입니다.

'응? 방금 뭐라고 한 거지? 에이값? 뭐?'

브리핑은 끝났지만, 김 기자의 머릿속이 하얘졌다. 가장 중요한 말을 꺼낸 것 같은데 도무지 무슨 말인지 알 수가 없다. '무슨 값이라고 한 거 같은데.' 당황해 갈피를 잡지 못하는 상황에서 다른 한 기자가 질문에 나섰다. 자타공인 경제에 대한 지식이 해박한 박아라 기자였다. 박 기자는 자신감에 찬 모습이었다.

> 박아라 기자 : 기초노령연금은 A 값, 그러니까 전체 가입자의 월평균 소득액의 5%를 현행 지급하고 있는데 이걸 6%, 7% 수준으로 인상을 요구했다는 말씀이신 거죠? 그러면 구체적으로 어느 수준까지 요구하시는 건가요?
> 이일함 의원 : 그건 아직 당론으로 정해진 건 아니고, 상당한 수준 인상을 요구했다 정도로 답변드리겠습니다.

김 기자가 용어조차 제대로 알아듣지 못하는 상황에서, 박 기자는 용어의 정의뿐 아니라 구체적인 수치까지 담아 질문을 던진 것이다. 김 기자가 기사를 쓰기 위해 나름의 대비를 한다고 했지만, 박 기자처럼 구체적으로 질문하는 수준에는 미치지 못했다. 김 기자는 주위에 있는 타사 기자들을 쓱 둘러봤다. 그들의 눈빛에서 김 기자와 같은 당혹감과 함께 박 기자를 향한 부러움을 발견할 수 있었다. '같은 기자인데 나는 왜 저렇게 알지 못할까'라는 부끄러움도 교차했다.

김 기자는 정책을 담당하면 할수록 부족함을 느꼈다. 정책을 쫓아가기 바쁜 이상 좋은 기사가 나올 수 없다. 해당 주제를 꿰뚫고 있어야만 술술 읽히는 기사를 쓸 수 있다. 자신도 이해하지 못하는 내용을 어떻게 독자들에게 쉬운 말로 설명할 수 있단 말인가. 전문가와 독자를 연결하는 가교 역할을 하는 기자가 암호문 같은 발표를 그대로 나열만 해선 안 된다. "중학생이 이해할 수 있는 수준으로 기사를 쓰라" 언론계에서 흔히 쓰는 지침이다. 아무리 어려운 경제 이슈도 쉽게 쓸 수 있는 건 주제에 정통해야만 가능하다. 기자회견장에서의 질문도 마찬가지다. 어설프게 아는 사람은 질문도 겉핥기에 그치고 장황하게 마련이다.

정책 발표 현장에서 자극을 받았다고 해서 모든 기자가 다 행동으로 옮기는 건 아니다. 김 기자 역시 일시적 다짐에서 끝났다면 정치부에서 오래 버티지 못했을 것이다.

〈단어 하나의 무게〉

　　오래된 일이지만, 또렷이 기억나는 건 실수가 뼈아팠기 때문이다. 2011년 5월 19일 한나라당 당사에서 열린 비상대책위원회 회의에 들어갔다. 정의화 비상대책위원장은 모두 발언에서 저축은행 부실 사태와 관련해 "검찰 수사가 마무리되고 결과가 미흡하면 국회 차원에서 국정조사를 추진해야 한다"라고 말했다. 김 기자는 이 발언을 노트북에 타자하면서 '국정조사'라는 단어를 제대로 듣지 못했다. 국회 출입한 지 얼마 안 돼 낯선 단어였다. 아는 만큼 들린다고 했던가. '무슨 조사라고 한 거 같은데 뭐였지?'라고 생각하다가 "국회 차원에서 조사해야 한다"라는 식으로 보고를 올렸다. 일이 안되려니 그날은 평소에 하던 크로스체크도 생략한 채였다. 뒤늦게 워딩이 잘못됐다는 걸 발견한 선배에게 된통 혼나고 난 다음에야 김 기자는 '국정조사'라는 단어의 의미를 알게 됐다. 국정조사는 중요한 국가 현안에 대해 국회 차원에서 진상 규명과 조사를 할 수 있는 제도다. 국정감사 및 조사에 관한 법률로 규정하고 있다. 국정조사 실시 여부만 놓고서도 여야 간 정쟁의 대상이 되기도 한다. '국정조사'로 기사가 나갔을 때와 그냥 '조사'라고 했을 땐 완전히 다른 기사가 되는 것이다. 한 끗 차이지만 무게는 확연히 다르다.

무식하면 용감하다?
유식해야 용감하다!

▶ 노력은 제값을 한다. 축적의 힘을 믿자

  – 배우고 토론하는 스터디 등 각종 모임 활용하기
  – 질문 습관을 기르는 주변 환경 만들기

등장인물 : 막내 격인 말진 기자들

말진(末陣) 기자란 언론사별 국회에 출입하는 가장 연차가 낮은 기자
를 말한다. 김 기자는 말진 시절 다른 언론사 말진들과 함께 모임을 결
성했다. 정치부 기자로서 무식함을 탈피해 보자는 취지였다. '아는 것
이 힘'이 모토였다. 모임 이름은 '무식한 정치부 기자 탈출 비상대책위

원회'라고 지었다. 우리는 이를 줄여서 '무기자'라고 불렀다.

기자들 모임이라고 하면 모여서 밥 먹고 술 마시고 수다 떨다가 끝나는 것 아니냐고 오해할 수 있다. 방송에서 비친 장면들이 대강 그렇듯 대체적인 분위기가 건달스럽다. 그렇지 않은 기자들이 많은데 말이다. '무기자' 모임은 그 이름이 말해주듯 치열함이 있었다. 적어도 1인분의 몫은 하는 정치부 기자가 되고자 하는 마음들이 모인 모임이었다. 거의 매주 스터디가 진행됐고, 책을 한 권 정해서 돌아가면서 발제를 하고 함께 토론했다.

'무기자'는 토요일에 모인 적도 꽤 있다. 기자 업무 특성상 토요일에 모인다는 건 굉장한 의미를 지닌다. 기자들이 쉬는 날이 확실히 정해져 있는 건 아니지만 일간지의 경우 토요일은 고정 휴무일이다. 토요일 하루 온전한 휴식의 달콤함을 아는 기자들이다. 그런데도 토요일 오전에 모인다? 토요일 오전을 반납한다? 우리의 열의를 엿볼 수 있는 대목이다. 어느 정도 책 스터디가 정착되자 모임을 발전시켜보자는 이야기가 나왔다. 외부 인사들을 초청하기로 했다. 스토리나 전문 분야가 있는 정치인들을 초대해 강의를 듣고 토론을 벌였다. 토론은 강의실에서만 끝나지 않고 이후 뒤풀이 자리까지 이어졌다. 한국 정치는 그때나 지금이나 여전히 이 모양 이 꼴이지만 그날의 구성원들, 그 자리에서만큼은 한국 정치의 발전을 진지하게 고민했었다.

지식의 축적과 자신감은 비례한다. 모임 횟수가 거듭할수록 토론 과정에서 오가는 질문의 수준은 점점 높아졌다. 구성원들의 자신감도 더해져 갔다. '쥐뿔도 모르면서 그거 몇 권 읽었다고 달라지겠느냐'라고 할 수 있다. 하지만 애초에 자신감이라는 것은 그런 작은 부분에서부터 출발한다. 그 작은 동기가 상승 작용을 일으킬 수 있다. 뭘 좀 알겠다 싶은 학생일수록 수업 시간에 괜히 질문 한 번 더 던지고 싶어지는 이치와 같다.

한동안 진행되던 '무기자'는 대통령 선거가 다가오면서 '여의도의 시즌'과 함께 자연스레 끝을 맺었다. 5년마다 돌아오는 대선은 여의도가 흔들리는 최대 이벤트다. 특히 말진들은 대선 후보를 취재하며 전국 유세 현장을 돌아다닌다. 대선 시즌엔 시간과 공간, 업무적 제약으로 인해 '무기자'로 모이지는 못했지만, 현장에서 더 많은 것을 배웠던 시간이다.

'무기자' 멤버들은 한때 모임의 결과물을 정리해서 책을 한 권 내자고 다짐했었다. 하지만 이러저러한 이유로 미루다 보니 결국 실천하지는 못했다. 그때 책을 냈다면 김 기자가 작가로 데뷔하는 시기가 빨라졌을 것이다. 고생스럽더라도 뭐든 마음먹었을 때 해야 한다.

〈서초동 기자들이 만든 여의도 꾸미의 결말은?〉

국회 기자들 사이엔 '꾸미'(소모임) 문화라는 게 있다. '세트'라는 뜻을 가진 일본어 구미(くみ)에서 유래했다는 이 말이 요즘도 통용된다. 꾸미는 보통 친한 기자들끼리 꾸린다. 적으면 서너 명, 많으면 예닐곱 명이 단체 채팅방을 만들어서 정보를 공유하고 정치인들과 약속을 잡는다. 기자들이 의원들과 약속을 잡을 때 "저희 꾸미랑 식사 한번 하시죠"라고 하고, 의원들 역시 "꾸미 멤버가 누군가요. 저녁 한번 하시죠"라고 한다.

꾸미에서 벌어지는 일화야 무한하지만, 그중 유명한 이야기가 하나 있다. 서초동 법조팀에서 검찰을 출입하다 정당으로 넘어온 기자들이 중심이 된 꾸미가 얼마 안 가 폭파된 이야기다. 법조 출신 기자들이 의원과 식사하면서 '저 의원이 무슨 말실수를 하나' 싶은 눈초리를 하고 앉아 있었다고 한다. 그런 분위기에선 의원이 마음 터놓고 말하기 어렵다. 법조 출신 꾸미에 대한 부담스러운 소문이 돌면서 약속도 잘 안 잡혔고, 결국 그 꾸미는 발전적 해체를 했다. 법조 기자는 국회 기자들과 성향이 다르다. 양쪽을 겪어본 김 기자가 보는 관점에선 정당 기자는 의원스럽고,

검찰 기자는 검사스럽다. 전자는 건달스러운 반면 후자는 꼬투리 잡기에 몰두한다고 해야 하나. 그러다 보니 법조기자 출신들이 만든 꾸미가 건달스러운 국회 스타일에 쉬이 적응하기가 쉽지 않다. 반대로 여의도 국회에서 꾸미 문화에 적응한 기자가 서초동 법조를 출입하면 처음엔 당황한다. 김 기자가 처음 법조를 출입했을 때 '여기선 어떤 꾸미에 들까' 생각했지만 오산이었다. 그 동네는 꾸미가 흔치 않다. '각자도생'이라는 말이 어울린다. 여의도에선 쏟아져 나오는 수많은 말 속에서 핵심을 뽑아내는 게 기자의 일이라면, 서초동에선 모래밭에서 동전 하나 찾기 위해 헤매야 하는 처지였다. 여의도와 서초동을 오갈 땐 이런 차이에 빠르게 적응해야 살아남는다.

거창한 질문을
던지기 이전에

▶ 어깨에 힘을 빼고 작은 질문거리부터 찾아보자

　– 모르는 내용 아는 체하지 않기

　– 많이 만나 많이 듣고 많이 물으며 경험 쌓기

등장인물 : 한때 잘나갔던 전실세 의원 등 30여 명

　김 기자는 수습을 마치자마자 정치부에 배치됐다. 일반적으로 6개월 정도의 수습기자를 마치면 사회부 경찰팀 등에서 기자 생활을 시작하게 되는데, 김 기자는 다소 예외적 상황이었다. 당시 총선을 1년여 앞두고 정치부에서 현장을 누빌 막내 기자가 필요했다는 인사 배경을 뒤늦게 전해 들었다.

학연(學緣) · 지연(地緣) · 혈연(血緣)을 체감한 적이 별로 없던 김 기자다. 최소한 서른이 될 때까지는 그랬다. 그런 게 뭐 그리 대수일까 싶던 '불꽃 20대'였다. 그런데 정치부에 들어서면서 이 '연연연'의 위력을 체감할 수 있었다. 김 기자의 고향이 경북 포항이라는 말을 들은 부장은 지체 없이 김 기자를 한나라당에 배치했다. 한나라당이 영남을 기반으로 하는 정당이라는 이유가 컸다. 게다가 포항은 당시 대통령의 고향이기도 했다. 김 기자는 대통령은 물론이고, 소위 말해 그 주변의 잘 나간다는 인사들에게 밥 한 번 얻어먹은 적도 없었다. 그런 김 기자를 고향이 같다는 이유로 그곳에 배치한 것이다.

그렇게 국회 기자실로 출근하게 됐다. 첫날 정치부 선배가 "오늘, 친이(친이명박)계 실세들 모이니까 저녁에 거기 한번 가봐. 인사도 좀 하고"라고 했다. 친이계라고 하면 지금이야 '어느 시대 이야기인가' 싶을 정도지만 당시엔 국가를 중심에서 움직이는 힘을 가진 실세 계파였다. 선배의 지시는 지나가는 말처럼 가벼웠지만, 기자 타이틀을 달고 부서 배치가 된 첫날 첫 임무를 부여받은 김 기자의 심정은 어땠겠나. 김 기자가 선배를 통해 전해 들은 현장의 정보라고는 여의도의 한 중식당

이름과 시간뿐이었다.

그날은 재보궐 선거를 앞두고 친이계들이 모여 전의를 다지는 자리였다. '정치는 권력이고, 권력은 세력에서 나온다'라고 했던가. 신출내기 막내 기자의 눈에는 여의도의 한 중식당에 들어오는 의원들의 모습이 '우리 이 정도로 힘이 세'라고 과시하는 것 같았다.

김 기자의 첫 현장 경험은 역시나 혼돈의 연속이었다. 다른 기자들은 끊임없이 몰려드는 의원들을 친근하게 부르며 인사도 하고 질문도 툭툭 던졌다. 몹시도 자연스러워 보였다. 그러나 김 기자는 꿔다 놓은 보릿자루처럼 서 있었다. 의원들에게 질문을 던지기는커녕 주변에 있는 기자들에게 인사도 건네지 못했다. 기자가 돼서도 수줍음을 타는 성향은 쉽게 고쳐지지 않았다.

현장에 도착하기 전까지만 해도 '그래도 명색이 기자인데 어떤 멋진 질문을 던져볼까'라는 생각을 했었다. 겉멋이 가득 차 있었다. 기자라고 하면 상대방이 "어떤 게 궁금해요?"라고 친절하게 물어줄 것만 같은 기대도 은연중에 있었다. 의원들과 담론을 나누며 한국 정치의 발전 방향을 함께 고민할 수 있을 줄 알았다. '그들의 비전과 정치적 포부를 물어보는 건 어떨까'라는 생각도 했다.

　그러나 혼돈의 현장에서 다짐은 온데간데없었다. 말을 걸려면 적어
도 누가 누군지는 알아야 할 텐데 그것조차 파악이 안 됐다. 이렇게 넋
놓고 있다가는 빈손으로 돌아갈 것만 같은 위기감이 들었다. 시간은 흐
르고 수첩은 여백으로 가득했다. 이러다간 정말 아무것도 보고할 게 없
겠다 싶었다. 저들의 이름조차 알지 못하는데 어떻게 해야 하나. 나중
에 보고하지 못해 선배에게 혼날 것인가, 아니면 지금 민망함을 무릅
쓰고 입을 열 것인가 선택해야 했다. 당연히 후자였다. 자존심을 내려
놔야겠다 싶었다. 그제야 입을 열고 주변 기자들에게 쭈뼛쭈뼛 인사를
건넸다. 오늘이 첫날이라고 말했다. 사실 첫날이라는 고백은 할 필요가
없었다. 첫날이라고 하면 동정표라도 얻을 줄 알았는데, 다른 기자들은
다들 제 앞가림하기도 바빴다. 인사를 건넨 선배 기자들이 '저 언론사
는 무슨 저런 풋내기를 보냈어'라는 눈빛을 보내는 것만 같았다. 말을
건넸다 해도 주변 기자들에게 '참석자들 이름 좀 알 수 있을까요?' 이
한마디는 튀어나오지 않았다. 그 자존심까진 버리지 못하겠더라. '나도
첫날이지만 기자란 말이야!' 온갖 감각을 동원했다. 혼란스러운 상황을
틈타 슬쩍슬쩍 다른 기자들이 서로를 향해 "저 의원 이름이 뭐였지?"
라며 정보를 교환하는 소리에 귀 기울였다. '그렇구나. 다른 기자들도

의원들 이름을 다 아는 건 아니었구나.' 김 기자는 약간은 안심이 됐다.

다른 기자들이 취재 수첩에 메모하는 걸 간간이 눈동냥 했다. 김땡땡 의원, 이무슨 의원, 박안녕 의원 등을 적는 걸 눈치껏 살펴봤다. 이후 검색하며 얼굴과 이름을 비교하고 보고용 수첩에 적었다. 이름을 잘못 들었는지 검색으로도 안 될 땐 준비해 왔던 의원명부 사진을 뒤져봤다. 실물과는 다른 10년도 더 넘은 듯한 사기성 증명사진도 많았다. 정신없는 와중에도 '젊어 보이고 싶은 건 의원이나 일반인이나 마찬가지군'이라는 생각이 들었다. '국회엔 왜 이리도 의원들이 많은 것이며, 또 비슷비슷하게 생긴 것이며, 가식적인 웃음을 보이며 친분을 과시하는 것일까' 김 기자의 머릿속은 별별 생각으로 가득했다.

대략 36명 정도가 모임에 참석했다. 현장에서 그 정도 규모가 모일 수 있는 게 대단한 일이란 것은 뒤늦게 알게 됐다. 아무리 과시성 자리라 해도 의원들이 그런 규모로 모이는 모임은 이후로 거의 찾아볼 수 없었기 때문이다. 그날 참석하지는 않았지만, 그 모임의 명단에 등록된 의원까지 치면 60명이 넘는다고 했다.

김 기자는 그날 선배에게 올린 첫 보고를 잊을 수 없다. 열심히 한다고 했지만, 초라하고 엉성했다. 취재 보고에서 참석자 이름을 올리는 건 기본 중의 기본이다. 기본은 일단 하면서 플러스알파를 해야 한다. 모임의 성격과 분위기, 공식 발언 외 다른 기자들이 듣지 못한 뒷얘기 등이 포함돼야 한다. 하지만 기본 중의 기본도 제대로 하지 못했다. 회사 선배는 내가 올린 의원 명단 중에서 이름이 틀린 걸 잡아내며 "처음이라서 많은 걸 바라는 건 아닌데, 적어도 의원들 이름은 제대로 써야지"라고 했다. 쓰렸다. 취재원의 이름 하나 제대로 알지 못했던 기자다.

'거창한 질문을 던지기 전에 기본부터 잘하자' 혼란스러웠던 첫날 현장이 준 가르침이다.

05

'10분 준비'
대화의 질이
달라진다

▶ 지피지기(知彼知己) 백전불태(百戰不殆), 준비된 만남을 갖자

  – 맥락과 상황에 맞는 질문 던지기
  – 나와 상대의 필요를 고려해 조화롭게 묻기

등장인물 : 초선 최초란 의원, 정치부 출입 경력이 짧은 구장단 기자

김 기자는 사람을 만날 일이 많다. 사람을 만나는 게 일이다. 모든 권력은 국민으로부터 나오고, 모든 정보는 사람으로부터 나오는 게 아니겠는가. 널브러진 정보야 검색으로도 나오고 유튜브 영상을 통해 습득할 수 있다. 그러나 중요한 정보는 그 정보를 생산하는 위치에 있는 사

람을 통해 얻게 되는 경우가 많다. 정보를 다루는 기자가 정보의 출처인 사람을 만나지 않는 것은 일종의 태업(怠業)이다.

첫걸음은 만남이다. 두 번째는 만남에 대한 대비다. 만나기만 한다고 해서 양질의 정보가 보장되는 건 아니다. 한정된 시간에 정보를 최대치로 끌어올릴 만한 준비가 뒷받침돼야 한다. 정보의 현장을 누비는 김 기자에겐 사람을 만나기 전 습관이 하나 있다. 약속 시간에 앞서 10분 정도의 시간을 들이는 일이다. Part 1 마지막 부분에서 강조했던 '107%의 준비'를 이런 경우에 적용하자면 약 10분의 시간을 할애하는 일이라 할 수 있다. 그리 어렵지 않다.

우선 만날 사람에 대해 검색한다. 웬만한 국회의원들은 검색창에 이름만 쳐도 출신 배경과 최근의 관심사가 나온다. 발의했던 법안, 그의 전공 분야, 논란이 된 사례 등을 알 수 있다. 공을 조금 더 들인다면 그가 어느 그룹과 친분이 있는지 누구랑 가까운지 등 인맥 지도도 파악할 수 있다. 의원들은 대개 출판기념회를 열 목적으로 책을 내기 때문에 그의 저서를 제목이라도 한번 훑어보고 나가는 것도 도움이 된다. 그와 관련한 각종 일화와 과거사가 책에 나와 있다.

사실 10분은 적다면 적고 많다면 많은 시간이다. 그런데 이 10분의 준비를 하고 나온 기자와 그렇지 않은 기자가 만남의 자리에서 질문하는 질의 차이는 크다. 김 기자는 얼마간 준비가 대화의 수준을 끌어올릴 수 있다는 걸 많은 사람을 만나면서 알게 됐다. 그가 어떤 이야기를 꺼낼 때, 듣는 것에서 그치는 게 아니라 덧붙여 말하면서 질문을 던질 수 있다. '김 기자는 준비를 하고 나왔구나'라는 인상이라도 상대에게 줄 수 있다면 '10분 준비'는 성공이다.

민주당 초선 최초란 의원과의 식사 자리엔 김 기자뿐 아니라 두 명의 다른 기자도 함께 했다. 중진 의원이나 당 지도부 의원은 대외 활동이 워낙 언론에도 많이 노출되고 관심을 받기에 사실 별 준비를 하지 않아도 대화 소재가 많다. 현안에 대해 물어봐도 그의 대답은 청산유수다. 반면 별로 튀지 않는 데다 의정 활동 경력도 짧은 최 의원에겐 물어볼 말이 많지 않다. 게다가 최 의원은 그렇게 말이 많은 타입도 아니다. 말이 짧은 단답형 인물이라면 더욱 막막하다.

이럴 때 10분 준비가 유용하다. 김 기자와 함께한 구장단 기자의 질문에선 차이가 날 수밖에 없었다. 대화가 막혀서 적막이 흐를 때 김 기자는 "의원님 지역구에선 A 사업이 민감한 현안인데 풀릴 실마리가 좀 보이나요?" 또는 "이번에 대표 출마하는 조나대 의원과는 국회 오기 전 시민단체 활동할 때부터 친하셨죠?"라고 화제를 전환할 수 있었다. 최 의원은 자신이 잘 아는 분야에 대한 주제가 나오자 그나마 서술형으로 이야기를 풀어낸다. 자신 없는 대화 주제에서 "제가 거기 대해선 잘 몰라요"라고 하던 것과 차이가 났다. 물론 입이 무거운 최 의원 답변을 통해 딱 부러지는 알짜 정보를 얻기는 쉽지 않았다. 그러나 그의 뉘앙스에선 미세하지만 지역구의 A 사업이 어느 정도 민감한 이슈로 확장될 것인지, 조나대 의원과의 인맥이 어느 정도인지는 감을 잡을 수 있었다.

반면 구장단 기자는 헐레벌떡 급하게 자리에 참석한 후 즉석에서 질문을 유추해 냈지만 반응이 신통찮다. "그쪽 지역에 B 사업도 있지 않나요. 민원이 많이 발생하던데요?"라고 물었다. 하지만 최 의원은 "아, 그건 저희 지역구는 아니고 인접한 김 의원 지역구 일이라…" 잠시 어색한 침묵이 흐른다. 민망한 상황이 연출되기도 했다. 식사 자리에서 최 의원 지역구인 인천에 대한 주제가 대화로 다뤄질 때였다. 최 의원과 김 기자는 야당의 인천시장 출신의 안상수 의원에 대해 이야기하고 있었는데 갑자기 구 기자가 "그분, 당 대표할 때 재밌는 이야기 많았잖아요"라고 하는 게 아닌가. 동명이인 정치인이었던 한나라당 대표, 창

원시장 출신의 안상수 전 의원과 헷갈린 것이다.

구 기자가 경력은 오래됐지만 정치부에 출입한 연차는 얼마 되지 않았다. 민주당을 출입하면서 야당 중견 정치인인 '안상수' 두 사람을 구분하는 건 쉽지 않았을지 모른다. 그렇다고 변명거리가 될 수는 없다. 최 의원에겐 '이런 기본적인 것도 모르다니'라는 인상을 심어주기에 충분했다. 최 의원 지역구가 인천이라는 것을 안다면 어느 정도 대비는 필요했다. 최 의원은 멋쩍은 미소와 함께 "아, 그 안상수는 아니죠. 하하. 다른 안상수….'라고 했다. 같이 나간 기자들도 난감하긴 마찬가지였다. 김 기자는 '다른 자리가 생길 때 구 기자와 함께 나가야 하나'고 민스러워졌다.

〈도대체 어디까지 조사한 거야?〉

준비를 하더라도 과도한 인상을 주는 것은 오히려 점수를 깎아 먹는다. 누군가의 소개로 그를 만났다. 첫 만남이었는데 김 기자에게 "포항 출신이라면서요?", "포항고등학교 나오셨다고요?"라고 아는 척을 한다. 출신지에 대한 정보가 빠삭하다. 그 정도야 '나름의 정보를 파악하고 나왔구나'라고 생각하며 넘어갈 수 있었다. 그러나 그 뒤로도 아는 척이 계속됐다. "얼굴이 참 동안이신데 애들이 벌써 그렇게 컸어요?"라고 한다. 김 기자 입으로 가족관계를 꺼내기도 전이었다. 거부감이 밀려왔다. 본인이야 관심 표현이자 친근감이라고 생각하겠지만, 김 기자 입장에선 '도대체 어디까지 조사한 거야?', '얼마나 뒷조사를 했기에'라는 생각이 들 뿐이었다.

김 기자도 언젠가 비슷한 실수를 한 적이 있다. 약속 장소에 나가기 전 그가 어떤 인물인지 궁금했다. 페이스북과 카톡 프로필 등을 살펴보면서 그가 마라톤 대회에 참가한 사진을 보았다. 그리고 대화 중에 친근감을 표시하려고 말을 꺼냈다.

"달리기를 좋아하신다면서요?"

"네? 어떻게 아셨어요?"

"네, 카톡 프로필에서 봤어요."

"카톡에 달리는 사진은 안 올려놨는데…."

'아차'

김 기자가 그의 마라톤 사진을 본 것은 카톡이 아닌 페이스북이었다.

06

꾸준한 질문은
타이밍도
만들어 낸다

▶ 넘어야 할 산이라면 넘을 때까지 내디뎌 보자

　– 장기전이라면 목표를 정하고 꾸준하게 묻기

　– 한 번 찾아온 기회를 놓치지 않기

등장인물 : 여권 실세였던 나이호씨, 열정 넘치는 김·이·박·최·정·
　　　　　 강·조·윤·장·임 기자

질문을 꼭 해야 할 지점이 있다. 하나의 필수 정보 없이는 다음 단계
로 나가기 어려울 때 그렇다. 폭발력을 가진 이슈라면 꼭 해결하고 넘
어가야 한다. 김 기자의 숙명이기도 하다. 그런데 하필 그 정보를 독점

한 사람이 두문불출이요, 휴대폰은 먹통인 경우가 있다. 넘어야 할 산은 있는데 산이 높은 건 둘째 치고, 어디 있는지조차 모를 땐 답답하기 짝이 없다. 일단 연결이 돼야 공략을 하든, 포기를 하든 한다. 그와 나의 연결고리를 위해 필요한 것은 끈기와 지구력이다. 아무리 고집이 센 사람이라도 끈기와 지구력 앞에서 당할 재간이 없다.

김 · 이 · 박 · 최 · 정 · 강 · 조 · 윤 · 장 · 임 기자가 모두 과거 여권 실세로 통했던 나이호씨와의 접촉점을 찾으려다 나가떨어졌다. 나 씨는 실세 중 실세로 불리며 늘 꽃길만 걸었던 사람이다. 그랬던 그가 피의자 신분으로 전락해 온갖 의혹의 중심에 서게 됐다. 커다란 사건이 터지면서 세간의 관심이 집중됐다. 나 씨가 그 논란의 중심에 있었다. 많은 기자들이 나 씨에게 접촉하려 한 것은 그런 이유에서였다.

김 기자도 예외는 아니었다. 나 씨는 어제도 그제도, 또 오늘도 모든 연락을 차단한 상태였다. 그의 행방도 불분명했다. 김 · 이 · 박 · 최 기자는 그의 두문불출이 며칠째 이어지자 시도를 접었다. 나 씨가 더 이상 전화를 받지 않겠다고 생각할 무렵이었다. 습관이란 게 무서운 법, 김 기자는 설마 하면서도 다시 그에게 연락했다. 몇 번의 통화 연결음 후 수화기 너머로 "여보세요"라는 말이 들리는 게 아닌가. 수십 번이

넘는 전화에도 소식이 없던 나 씨와 비로소 연결된 것이다. 나 씨는 담담했다. 뭔가 각오를 한 뒤 전화를 받은 눈치였다. 당황한 건 오히려 김 기자였다. 그 어렵던 연락 시도가 성공했는데도 말이다. '이 사람이 왜 갑자기 전화를 받았을까', '무슨 의도로 전화를 받았을까' 만감이 교차했다. 전화를 받길 바라는 마음에 일단 습관적으로 걸었지만, 진짜로 받다니. 심장이 뛰었지만 냉정함을 되찾아야 한다. 기회는 두 번 오지 않는다는 것을 잘 알고 있기 때문이다.

> 김 기자 : 실장님. 저는 ○○일보 김○○ 기자라고 합니다. 그동안 실례를 무릅쓰고 여러 차례 연락을 드렸습니다. 그런데⋯.
>
> 나 씨 : 네, 실은 제가⋯.

그렇게 대화는 이어졌다. 정보를 수집하는 사람으로서 이보다 짜릿한 일은 없다. 나 씨는 작정한 듯 김 기자에게 하고픈 말을 다 했다. 그간의 의혹 제기에 대한 해명, 일부 사실 관계에 대한 시인, 그러면서도 불가피했다는 사정 이야기 등. 평소 질문거리를 메모해 둔 덕에, 전화를 걸 때마다 물어볼 말을 수없이 되뇌었던 덕에 김 기자는 묻고 싶은 걸 다 물을 수 있었다. 나 씨도 대답을 작정하고 받았던 터라 웬만한 말은 다 했다. 김 기자 입장에선 막혀 있던 정보의 거대한 벽을 넘어서는 순간이었다.

김 기자는 이를 토대로 기사를 내보냈다. 기사를 보고 나서야 뒤늦게 이·박·최·정·강·조·윤·장·임 기자가 나 씨와의 접촉을 재시도했다. 그러나 나 씨는 다시 연락을 끊고, 잠수 모드로 전환했다. 숨을 들이마시러 잠시 얼굴을 물 위로 내밀었던 찰나, 김 기자와 연락이 닿았을 뿐이다. 나 씨가 왜 전화를 받았는지, 그것은 지금도 의문이다. 유추해보건대 나 씨 역시 하고 싶었던 말이 있었을 것이다. 그렇다고 아무 때나 하긴 쉽지 않았을 테다. 그러다가 마침 말하고 싶은 마음이 생겼고, 때마침 기자로부터 전화 한 통이 걸려왔던 게 아닐까.

김 기자의 이러한 '무용담'은 사실 업계에선 흔하다면 흔하다. 정치부를 꽤 오래 출입했다는 선배들은 "나 땐 말이야"(라떼 이즈 호스·latte is horse)로 시작해 수백 번의 전화 시도 끝에 중요 인사 발표가 예상되는 유명인과 연결돼 인사 특종을 했다는 둥 무용담을 늘어놓는다.

복잡하게 생각할 건 없다. 아무리 고급 질문을 준비한들 답변자와 연결되지 않는다면 무슨 소용이 있겠나. 질긴 놈이 이긴다.

〈울리지 않는 전화벨이 의미하는 것〉

주요 권력을 맛본 자가 직책을 내려놓거나, 권력의 나락으로 떨어지면 하나같이 호소하는 게 있다. 연락 금단 증상이다. 밤낮을 가리지 않고 울리던 휴대폰이 침묵한다. 물어볼 게 없고, 물어봐도 관련 내용을 알지 못하는 걸 뻔히 알기 때문에 그에게 업무적 연락을 할 일이 없다. 그가 사고를 치지 않는 이상 그저 옛정에 안부 전화나 가끔 할 뿐이다. 한때 권력의 정점에 있었던 한 정치권 인사의 말이 기억에 남는다. "전화 오는 게 그때는 귀찮았지. 근데 정말 신기하게도 직을 사퇴하니까 그 다음 날부터 아침마다 난리를 치던 전화가 조용해져. 누구 연락이 안 오나 괜히 전화기 쳐다보게 되더라니까. 그래도 그나마 한 번씩 연락은 왔어. 근데 낙선을 하니까 그렇게 한 번씩 오던 연락마저 다 끊겨 버리더라고. 알고는 있었지만 '참 잔인한 동네구나' 싶었지. 아내도 내 눈치를 보더라니까. 이전과 너무 다르니까." 전화기의 요란함과 권력의 크기는 비례한다고 할 수 있다.

07

일찍 일어나는
벌레가 잡아먹힌다고?

▶ 경쟁자들이 접근하기 어려운 지점을 공략해 보자

　－ 빈틈은 누구에게나 있다. 틈새 공략하기

　－ 허탕 칠 때의 허망함보다 성취했을 때의 만족을 생각하기

등장인물 : 부지런한 동분서 의원, 아침에 약한 오후만 기자

　김 기자도 아침엔 좀 더 자고, 좀 더 졸고 싶다. 아침보다도 더 이른 아침, 새벽 시간은 말할 것도 없다. 김 기자가 잠을 이겨내며 이른 아침부터 동분서 의원을 공략한 데는 이유가 있다. 동 의원은 특별한 일이 없는 한 정기적으로 아침 운동을 한다. 7시 30분부터 8시 30분까지는

웬만하면 전화를 받지 않는다. 운동을 마쳐도 9시 당 회의에 참석해야 해서 동 의원은 회의 발언 점검 등으로 또 전화 연결이 쉽지 않다. 김 기자가 동 의원에게 매번 다른 시간대 전화를 시도하면서 그의 입을 통해 알게 된 사실이다.

"김 기자, 나 그 시간에 전화 못 받아. 운동하는 시간이야."

그렇다면 대안은 운동하는 시간을 피해서 좀 더 일찍 전화하는 수밖에 없다. 이른 아침에 전화를 걸어야 한다. 그럴 필요까지 있을까 싶지만, 동 의원은 당 지도부 인사다. 그의 발언은 정보 가치가 있다. 지도부의 동향과 흐름을 파악할 수 있다. 일반 의원이 자기 생각대로 말을 떠벌리는 것과 지도부 인사가 지도부의 동향을 조금이라도 반영해 발언하는 건 질적으로 차이가 난다.

그에게 이른 아침 전화를 걸었다. 아침에 일하는 건 김 기자에게도 여간 피곤한 일이 아니다. 전화 걸기 전 최소한의 현안 파악을 마치려면 준비하는 시간도 걸린다. 조간을 보면서 전날 주요 이슈를 확인하고 그날의 여의도 정치판에 어떤 주제가 쟁점이 될지 파악해야 한다. 그뿐만 아니라 간밤 방송 뉴스도 체크하고 주요 현안에 대한 지도부의 입장도 미리 확인해둘 필요가 있다.

입장을 바꿔 생각하면 동 의원에게 아침은 어떤 시간일까. 그날의 주요 이슈가 본격적으로 촉발되기 전이다. 지도부 인사라면 온종일 기자들의 전화와 만남 요청이 쇄도하기 마련이지만 아침은 본격적인 출정을 앞두고 잠시 숨을 고르는 시간과도 같다. 동 의원은 그날 처음으로 통화하는 김 기자에게 무장을 슬쩍 풀었다.

> 김 기자 : 선배(친한 의원에게 사용하는 호칭), 당내에서 OO 정책에 대해선 지도부 의견에 반발하는 분위기도 좀 있던데요.
>
> 동 의원 : 그렇잖아도 어젯밤에 몇 명 봤어. 일부 수용하기로 했어.
>
> 김 기자 : 어제 보셨다고요? 그러면 조반박 의원이랑 그 멤버들 보셨나 보네요.
>
> 동 의원 : 하하. 누구 봤는지 이름은 내 입으로는 이야기 못 하지. 잘 알잖아. 여기까지만 말할게.

중요한 정보를 얻는 순간이다. 여의도에서 의원들이 서로 만나는 건 여사요 별일도 아니지만, 민감한 시국엔 다른 이야기다. 정책 이견이 표출된 상황에서 의원총회나 본회의를 앞두고 반박하는 의원과 시간을 따로 내어 회동했다는 건 어느 정도 접점이 나왔다는 말일 수 있다. 물론 만나서 의견이 엇갈린 경우도 있긴 하다. 하지만 동 의원의 아침 통화 분위기나 말의 뉘앙스를 보면 일이 꽤 긍정적인 방향으로 진전된 느낌이다. 안개를 걷어내기 위해 김 기자는 곧바로 조반박 의원과 주변 인사들을 대상으로 추가 취재에 들어갔다.

김 기자가 이미 이른 아침 통화를 통해 한차례 쭉 훑어놓은 터라 의원들도 간밤의 회동이 기사화될 거라는 걸 어느 정도 감지하게 됐다. 의원들의 경계심이 상향 조정되는 단계다. 이후로는 전화 연결이 제대로 되지 않는다. 뒤늦게 눈치를 챈 오후만 기자가 취재에 들어가려 해도 의원들은 이미 경계 태세를 갖춘 뒤였다. 여의도 생태계는 아침에 조그맣게 시작된 뉴스가 저녁이 되면 폭발력이 더해질 때가 있다. 오전에는 특정 이슈에 대해 입을 열지만, 오후가 되면 달라지는 건 그래서다.

김 기자는 그날 아침 시간을 반납하며 취재에 나섰고 꽤 괜찮은 결과물을 얻었다. 방송인 박명수는 "일찍 일어나는 새가 피곤하다", "일찍 일어난 벌레는 잡아먹힌다"라며 유쾌한 반란 어록을 남겼지만, 김 기자에겐 예외였다. '일찍 일어나는 새가 벌레를 잡아먹는' 일은 여전히 유효하다.

〈갑자기 왜 술술 알려주는 거예요?〉

이름만 대면 알 법한 진보 진영 인사 A 씨를 취재하던 이야기다. 정당과 언론 간에는 긴장 관계가 조성되기 마련이다. 심할 경우엔 적대적 관계를 형성한다. 물어뜯지 못해 안달이 날 지경에 이르기도 하는 것이다. A 씨와도 일종의 적대적 관계였다. 그랬던 그가 평소와 달리 취재에 순순히 협조하는 것이 아닌가. 기사를 쓰는 데 절실했던 자료도 그를 통해 얻을 수 있었다. A 씨는 왜 갑자기 순한 어린 양이 되어 김 기자를 상대했던 걸까.

"아니, 선배. 오늘따라 왜 이렇게 술술 잘 알려주는 거예요? 평소랑 다르니까 말씀하신 팩트가 맞는지 의심스러울 정도네요. 의도라도 알아야 제가 이걸 신뢰할 수 있죠."

"다른 게 뭐가 있나. 김 기자를 내가 좋아하니까."

"그런 뻔한 방송용 멘트 말고요. 진짜 이유, 뭐 때문에 그런 거예요?"

"생각해봐. 이 문제가 드러나면 당장은 우리한테 좀 불리할지 몰라도 이게 기사화되면 우리 지지층이 확 결집할 거 아냐. 그런 효과 때문에 그런 거지."

자신의 정치적 이득을 위한 행위다. 불편한 관계에 있지만, 서로의 처지를 이해하는 취재원을 만나기도 한다. 민주당 지도부의 한 의원은 "그래 이해해. 우리는 우리 당의 당론이 있는 거고, 너희는 너희 회사 나름의 논조가 있는 거니까. 각자 자기가 처한 상황에서 자기 일을 하는 거지."

정당이나 언론뿐 아니라 각종 권력 주체가 개혁과 쇄신을 외치며 다양한 담론을 쏟아내고 있다. 그런데 대개 그 담론은 상대의 변화를 촉구하는 데 초점이 맞춰져 있다. 결국 자기 할 일 자기가 잘하면 되는 것 아닐까.

08

한 번의 질문을
위해 40일을
찾아가다

▶ 절실함은 전달되기 마련. 땀의 가치를 신뢰하자

　— 머리보다 발바닥으로 묻기

　— 키맨(핵심인물) 파악하기

등장인물 : 입이 무거운 구천근 씨, 입이 그보다 무거운 오만근 씨

　도무지 입을 열지 않는 사람들이 있다. 다시 안 봐도 될 사이라면 그만이지만, 업무와 관련된 사람이라면 다른 문제다. 아쉬운 사람이 공을 들이는 수밖에 없다. 어떻게든 김 기자는 구천근 씨의 입을 열어야 했다. 아침마다 구 씨의 출근길에 찾아갔다. 처음엔 하루 이틀 가고 말 생각이었다. 문제는 그것으로는 별 효과가 없다는 것이다. 그는 여전히 묵묵부답이었다. 그저 약간의 놀라움과 함께 '왜 여기까지 와서 자기를 귀찮게 하느냐'는 식의 반응이었다. 그냥 거기서 멈춰버리기엔 자존심이 허락지 않았다. 또 현실적 문제도 있었다. 어쨌든 그의 입을 열어야 했으니 말이다.

하루 이틀이 일주일이 됐다. 재밌는 건 그쯤 되니 이제 구 씨도 기다렸다는 듯 출근길에서 나의 인사를 받아줬다. 매일 자신을 찾아오는 김 기자가 조금은 안쓰러워 보였나 보다. "왜 이렇게까지 하느냐"라고 했다. 일주일 공들인 소득이었다. 그와 이젠 가벼운 대화 정도는 주고받을 수 있게 됐다.

지극한 정성이면 하늘도 감동시킨다고 했던가. 그런 날들이 쌓이고 쌓이면서 우린 자연스레 업무와 관련한 대화를 나눌 정도가 됐다. 정보를 움켜쥔 그에게 궁금한 것들이 많았다. 직설적인 질문, 우회로를 이용한 질문이 이어졌다. 구 씨도 때로는 직접적으로 답했고, 곤란한 질문엔 선문답하기도 했다. 그러다 그는 너무 많은 것을 알려줬다 싶었는지 다시 경계 태세를 취할 때도 있었다. 그렇게 40일간 구 씨의 출근길을 노크했다. 시간이 흘러 김 기자가 더는 구 씨의 출근길에 오르지 않아도 되는 상황이 됐다. 그는 차나 한잔하자며 사무실로 김 기자를 불렀다.

> 구 씨: 하루 이틀 오다가 안 올 줄 알았어.
>
> 김 기자: 서운해하실까 봐 그랬죠.
>
> 구 씨: 나중엔 안 보이기라도 하면 김 기자 어디 있나 둘러보게 되더라니까.
>
> 김 기자: 그럴 줄 알고 매일 간 거죠.

업무적인 관계로 만났지만, 구 씨와 김 기자의 대화는 개인사로도 이어졌다. 아이들 키우는 이야기, 일하면서 겪는 고충 등. 김 기자도 사실 '일이 먼저다'를 고수하는 사람은 아니다. 사람이 있고 일이 있는 게 아니겠는가. 어떤 질문에 그가 오프 더 레코드(비보도)를 요청하면 지켜줬다. 어떤 내용은 내부 보고도 올리지 않고, 지금까지도 그 보안을 유지하고 있다.

구 씨 사례에 탄력을 받은 김 기자, 또 다른 이슈가 발생하면서 담당자인 오만근 씨에게도 공을 들이기로 했다. 똑같은 방식으로 오 씨의 출근길을 찾아갔다. 몇 날 며칠을 그리했지만 오 씨에게는 전혀 먹히지 않았다. 지성이면 감천이라고 했지만, 공을 들인다고 꼭 성공하는 건 아니더라.

〈울산에서 일산까지〉

체력은 국력이라고 한다. 기자에겐 체력이 곧 취재력이다. 19대 총선을 며칠 앞두고 김 기자가 출입하는 정당의 중앙선거대책위원장은 하루 500km를 종주하는 유세를 감행했다. 울산에서 시작해 포항, 대구를 거친 뒤 강원 원주로 이동하고 마지막으로 수도권에 진입해 고양에서 마무리하는 일정이었다. 김 기자는 당일 오전 서울에서 울산으로 내려갈 때만 비행기를 이용했다. 이후 울산에서 고양까지 올라올 때는 다른 기자들과 함께 취재 버스를 탔다. 과연 이 거리를 하루에 다 소화할 수 있을까 싶었다. 유세장마다 선대위원장을 조금이라도 오래 붙들려는 후보자들이 있으니 시간을 맞추기 쉽지 않았다. 가는 곳마다 인파가 몰리니 후보자나 취재 차량의 진입도 만만치 않았다. 선거를 많이 치러본 경험은 그래서 중요한가 보다. 불가능하다 싶었던 일이 이뤄졌다. 선거 브레인들이 사전에 동선을 짜고 시간대별로 계획한 것도 대단했고, 현장에서 동선을 확보하고 돌발 상황 등에 대처하는 실무자들도 대단했다. 마음으로 박수를 보냈다. 하지만 감동은 감동이고, 힘든 건 힘든 거다. 고속버스를 타고 국토를 횡단하는 일 자체만으로도 만만치 않은데 유세 현장을 스케치하고 보고도 해야 했다. 점심을 어떻게 먹었는지 모를 정도였다. 늦은 밤 일산에서 마지막 일정을 끝내고 나니 절로 '체력은 필수'라는 생각이 들었다. 김 기자는 그 뒤로 운동을 거르지 않고 있다.

09

매일 물으면
알게 되는 말의
뉘앙스 차이

▶ 추이를 파악하는 질문은 일정 간격으로 지속해서 하자

－ 작은 뉘앙스 차이도 놓치지 않기

－ '설마 오늘은 아니겠지'라는 안일함 버리기

제3당을 출입할 때다. 당 대표가 대표직을 사퇴할 거라는 전망이 유력하게 흘러나왔다. 대표가 언제 결단을 내릴지는 시간문제였다. 만약 대표의 결심이 섰는데 마감 시간 전에 놓쳐서 지면에 담지 못한다면 생각만으로도 끔찍한 일이다. 이런 식의 시한부 기사는 절대 놓쳐서는 안 될 일이다. 대표가 연락을 두절하고 측근들과만 소통하는 상황에서

김 기자는 날마다 그 측근들에게 전화를 돌려야 했다. 모닝콜, 이브닝콜, 또 모닝콜···. 전화하는 사람도 전화받는 사람도 목적을 알 만하다.

> 김 기자 : 형님, 새로운 아침입니다.
>
> 한 측근 : 엉, 그래.
>
> 김 기자 : 하시나요?
>
> 한 측근 : 안 해. 하면 알려준다니까.
>
> 김 기자 : 설마 해서요.
>
> 한 측근 : 아직 별일 없어.

며칠째 같은 대화가 반복된다. 그러던 어느 날

> 김 기자 : 오늘은 별일 없으세요?
>
> 한 측근 : 음···. 뭐. 크게는.
>
> 김 기자 : 그럼 작게는 무슨 일 있나 보네요.
>
> 한 측근 : 그게, 아직은. 나중에 다시 전화 줄게.

낌새가 느껴졌다. 뭔가가 있다. 이날은 당 대표의 신상에 변화가 있을 가능성이 크다. 적어도 사퇴를 결심해서 측근들과 논의했거나 아니면 결심 가까이 갔다는 소리다. 다른 측근에게도 연이어 연락한다. 평소에 잘만 지내오던 인사들이 연락 두절이다. 가까스로 연락이 된 한 인사를 통해 사실을 확인한다.

결국 김 기자는 마감을 앞두고 당 대표의 대표직 사퇴 속보를 기사에 충실히 담았다. 식은땀을 좀 흘리긴 했지만 말이다.

10

익명과 실명
사이에서

▶ 어떤 열악한 여건에서도 최선의 질문은 존재한다는 사실을 잊지
  말자

  − 윈윈(win−win)하는 질문하기
  − 다시는 안 볼 것처럼 신뢰를 저버리지 않기

등장인물 : 판세를 꿰뚫고 있는 심해안 의원

민주당은 열린우리당 시절만 해도 의원들이 제각각 떠들어 대는 통
에 봉숭아학당으로도 불렸다. 하지만 문재인 정부가 들어서고 나선
180도 달라졌다. 집권과 실패를 모두 겪고 나서 좋게 말하면 단일대오

로 일사불란하게 됐고, 나쁘게 말하면 민주당의 강점이었던 야성미가 실종됐다.

당 지도부의 결정에 불만이 있어도 공개적으로 이를 비판하는 의원이 좀처럼 드물었다. 조금이라도 비판 목소리를 내면 의원실에는 항의 전화가 빗발치고, 온라인상에선 집단 린치를 당하기 일쑤였다. 헌법 제46조 2항에선 "국회의원은 국가이익을 우선하여 양심에 따라 직무를 행한다"라고 돼 있지만, 현실에선 소신 발언도 제대로 하기 어려운 실정이다. 하지만 실명 비판을 못 한다고 익명 비판까지 불가능한 건 아니다.

김 기자 : 이 문제는 대표가 명백히 사과하고 넘어가야 하는 거 아닌가요? 뭉개는 것만이 답은 아닌 거 같은데요.

심해안 의원 : 대표가 모든 현안에 대해서 일일이 다 말할 수는 없는 거 아냐?

김 기자 : 저는 진짜 궁금한 게, 의원님도 진짜 그냥 넘어가야 한다고 생각하시는 건가요?

심해안 의원 : 그럼 내가 뭘 말할 수 있겠어.

김 기자 : 아니, 이건 실명으로 안 쓸게요. 진짜 당내 분위기가 궁금해서 그래요.

심해안 의원 : (못을 박으며) 이건 익명이야. 기사에 실명 박으면 안되는 거 알지?

김 기자 : 물론이죠.

심해안 의원 : 사실 대표가 그러는 게 말이 안 되는 거거든. 매듭지을 건 짓고 넘어가야 하는데 그게 지금 안 되고 있잖아. '대표 리스크'라는 말이 돌잖아 당에서. 하 참. 당에서 다른 건 문제 없는데 대표가 제 역할을 못하고 있으니 온갖 신조어들이 만들어지는 거 아니겠어. 대표가 희화화되고 있다고.

정치는 '말'이다. 말이 권력 관계를 대변하고, 온갖 중요 정책은 정치인의 말에서 출발한다. 프레임 싸움도 결국 말을 주고받는 속에서 이뤄진다. 말발에서 밀리거나 말로 프레임을 선점하지 못하면 권력 다툼에서 패할 수밖에 없다.

'말들의 전쟁'을 기사로 다룰 땐 익명보다 실명이 훨씬 강력한 힘을 발휘한다. 익명으로는 박스성 분석 기사 정도를 쓸 수 있다면 실명을 당당히 드러내면 1면이나 종합면의 기삿감이 된다. 그러나 현실에선 실명을 드러내길 꺼리는 의원이 많다. 누군가를 실명으로 비판하면 비판 당사자와 그 지지자들을 적으로 만들 수밖에 없기 때문에 자신의 정치 생명에 타격을 입을 수 있다고 우려하는 것이다. 의원의 소신 발언을 지도부는 '당내 분란을 조장하는 행위'라고 치부할 수도 있다. 비판 대상이 지도부라면 말할 것도 없다. 지도부가 공천권 등 상당한 권한을 가진 구조상 앞으로도 실명을 드러내고 당당히 발언하는 의원을 보기는 쉽지 않을 것이다.

기자가 취재원의 익명 요청을 깼을 때는 어떤 일이 발생할까. 그 기사 자체는 화제의 중심에 설 수 있다. 그러나 그 기자는 취재원들 사이에서 신뢰할 수 없는 기자로 낙인찍히기 십상이다. 부서에서 오래 버티긴 어려울 것이다. 둘 간의 약속을 지켜주지 않는 기자와 과연 누가 허심탄회하게 대화할 수 있겠는가. 이 바닥은 소문도 삽시간이다. 기자 입장에선 익명이 아니라 기사의 신뢰도와 선명성을 더하기 위해 대놓고 실명으로 쓰고 싶다가도 그들의 요청을 거절하기 어렵다.

실명을 전제로 멘트를 요청하는 경우도 있다. 그러나 실명을 전제로 하는 순간 길길이 날뛰던 취재원들도 말의 어조를 급격히 순화하곤 한다.

김 기자 : 의원님, 방금 하신 말씀 혹시 실명으로 써도 될까요?

심해안 의원 : 아니 김 기자, 왜 그래. 내가 잘못되는 거 보고 싶어서

그러는 거야? 실명으로 할 거면 내가 대표 관련해서 한 이야긴 다 빼고 '심 의원은 야당이 이번 사태를 정쟁으로 몰아가려고 하는 점이 안타깝다' 정도로 처리해줘.

실명은 이런 한계가 있다. 사석에서 뒷담화와 걸쭉한 음담패설을 내놓는 사람이 카메라 앞에만 서면 성인군자가 따로 없는 멘트를 날리는 것과 같다. 실명을 담으면 질문에 대한 답변 멘트가 시시해지고, 익명을 담으면 기사의 주제는 분명히 살아나지만 신뢰도가 떨어진다. 딜레마다.

〈여핵관이 누구야?〉

정치 기사를 가만 살펴보면 '여권 핵심 관계자', '여권 관계자', '민주당 관계자' 등의 익명 용어가 자주 등장한다. 기자들 사이에서 '여핵관'의 범위가 어디까지인가를 놓고 설왕설래할 때가 있다. '여핵관'은 여권 핵심 관계자의 준말이다. 당 대표나 최고위원들은 당연히 여핵관에 포함된다. 그러나 여기서도 선출직이 아닌 지명직 최고위원은 보통 여핵관에서 배제한다. 대표의 지명으로 최고위원에 오른 인사들이 과연 핵심 관계자라고 할 수 있느냐는 것이다. 원내 지도부도 나뉜다. 원내대표는 당연히 여핵관이다. 정책위의장도 핵심으로 분류할 수 있다. 원내수석부대표의 포함 여부를 두고서는 의견이 갈린다. 대변인들은 대체로 여핵관에 포함하지 않는다. 외곽 인사들이라고 여핵관에 들지 않는 건 또 아니다. 외곽에 있지만 비선 실세들이 존재한다. 오히려 당 지도부보다 더 큰 영향력을 발휘하는 인사들이 있다. 여러 정황으로 그의 영향력을 알 수 있다. 그가 내뱉은 말이 얼마 되지 않아 현실에서 표면으로 드러나거나, 그가 만나고 다니는 사람들의 등급이 여핵관 중에서도 핵심 인사거나, 대표실에 자주 들락날락하거나 등등이다. 이들은 "내가 요즘 시간이 없다"라는 말을 입에 달고 다니면서 본인의 몸값을 한껏 올리고서 기자들의 요청을 들어줄까 말까 한다.

수첩이 지나간
자리에는

▶ 지킬 건 지키되 질문 환경의 변화엔 빠르게 적응하자

　－ 나만의 캐릭터, 개성은 유지하기
　－ 업무에 도움이 되는 각종 기기 적절히 활용하기

등장인물 : 스마트폰을 쥔 기자들, 수첩을 든 기자들

　기자들이 취재할 때 주요 인물들에게 스마트폰을 들이대는 모습을 흔히 볼 수 있다. 그가 하는 말을 녹음하기 위해서다. 국회 회의 석상에서 하는 말은 노트북으로 타이핑하지만, 서서 하는 말은 서서 들어야 한다. 물론 그 와중에 한쪽 귀퉁이에서 노트북을 펼치고 앉아 상황을

실시간으로 활자화하는 기자들도 있긴 하다.

2010년 전후만 해도 기자들이 취재원에게 스마트폰을 들이대는 일은 드물었다. 기자들이 취재원을 둘러서서 수첩에 기록하는 모습이야말로 익숙한 풍경이었다. 인제부터 수첩 내신 스마트폰이 등장했을까. 2010년 보도된 주요 사진엔 휴대폰을 든 기자가 한두 명밖에 눈에 띄지 않는다. 이때만 해도 대세는 수첩이었다. 그러다 2012년 사진을 보면 수첩과 스마트폰이 대략 반반 정도 혼재해 있다. 이후로는 웬만한 보도 사진에선 수첩을 든 기자를 찾아보기 어려울 정도다. 스마트폰이 확실한 우위를 점하고 있다.

수첩과 스마트폰을 비교하자면 정확도면에선 스마트폰이 단연 앞선다. 적다 보면 놓칠 수도 있는데 녹음을 해두면 돌려가며 확인할 수 있다. 그러나 왠지 정감이 가는 것은 수첩이다. 한국 정치나 한국 사회에서 낭만이 점차 사라지고 있는데 수첩의 자리마저도 스마트폰이 빼앗으면서 낭만이 설 자리는 한 뼘 정도 좁아진 듯싶다.

비단 낭만뿐이겠는가. 기자들과 취재원의 질의응답 형식이나 내용도 많이 바뀌었다. 정치인들이 공식 회견을 하고 난 뒤 회견장에서 내려와 기자들과 편하게 질의응답 하는 시간이 있다. 회견장에서 공식적으로는 말할 수 없었던 뒷이야기, 배경, 내막 등을 설명한다. 공식 회견보다는 솔직한 질의응답이 오가게 마련이다. 일부 기자들은 이때에도 정치인의 말을 노트북으로 받아치곤 한다. 스마트폰에 녹음하고서 노트북으로 타자하는 수고를 거치지 않기 위한 목적이다. 정치인의 말이 실시간으로 전파된다. 수첩을 사용할 땐 글로 적은 걸 옮겨 적으며 나름 숙성의 시간을 거치지만 스마트폰과 노트북을 활용한 실시간 전파는 이런 여백이 없다.

어떤 정치인은 브리핑하다가 이런 말을 했다. "방금 내가 한 말이 카톡으로 돌고 돌아서 지금 나한테 왔네요. 10분도 안 됐는데. 무서워서 무슨 말을 못 하겠어. 이렇게 바로바로 발언을 돌리는 건 좀 심하지 않나요." 온라인상에서 정보가 오가는 실시간 속도전은 대단하다. 정치인의 발언이 몇 분이 채 안 돼 자기에게 돌아오기까지 몇 단계의 전파 과정을 거쳤을까. 언론 매체 수가 늘어났을 뿐 아니라 기기가 발달하면서 웬만한 이슈는 삽시간에 퍼진다. 카톡의 '받은 글'도 범람하고 온갖 '짤'들이 돌아다닌다.

한 지도부 인사가 기자들과 편하게 점심을 하겠다고 만든 자리가 있었다. 거기 참석한 한 막내 기자가 자리에 앉더니 노트북을 펼쳐드는 것이 아닌가. 그 인사는 놀라서 "아니 지금 내가 하는 발언을 치려고 하는 건가요?"라고 했다. 막내 기자 입장에선 정치인의 오찬 발언을 빠르게 보고하고 싶었을 것이다. 마음은 이해하지만, 노트북을 펼쳐든 앞에서 그가 얼마나 자유롭게 이야기할 수 있을까. 결국 노드북은 집기로 했다. 그러나 이런 모습은 어느새 여의도에서 낯설지 않은 풍경이 됐다. 주요 인사들의 오찬, 만찬 자리에서는 풀 기자[1]를 한두 명 정해 일부 혹은 전체 발언을 타이핑해서 공유한다.

시대가 변했는데, 아날로그와 낭만이 어느 시절 이야기냐고 할지 모른다. 시대 변화에 맞지 않다고 할 수 있다. 물론 김 기자는 이런 말을 하면서도 변화엔 빠르게 적응했다. 신문사에 몸담고 있지만, 온라인 기사와 영상이 날로 중요해진다는 걸 누구보다 잘 알고 있다. 한때 사진과 영상 편집, 홈페이지 제작에 심취해 밤을 새웠던 적도 여러 번이다. 온라인팀에 배치돼 기사를 작성하며 활자뿐 아니라 인용문, SNS, 하이퍼링크 등의 각종 효과를 활용해 보기도 했다. 언젠가 유튜브의 세계에 뛰어들 생각도 하고 있다.

---

1 공식적인 행사에 참여해 보도 내용을 취재하는 기자단

그렇다 해도 김 기자는 어디까지나 낭만의 영역이 존재해야 한다고 본다. 낭만이 사라진 요즘 정치에선 더욱 그렇다. 김 기자는 회견이나 브리핑 장소에 갈 때 시급한 상황이 아니라면 스마트폰 대신 수첩을 꺼내든다. 불편하기 짝이 없다. 타이핑 속도보다 메모가 느리기 마련이다. 갈겨 놓은 글씨를 나중에 보면 해독이 불가능할 때도 있다. 그래도 수첩에 갈기는 그 맛이 좋다.

10년 뒤엔 어떤 풍경일까? AI(인공지능) 시대에 더욱 첨단을 달리고 있을 것이다. 이 영역에서만큼은 변화가 그리 달갑지는 않다.

〈기자인지 기계인지〉

취재를 통해 결과물을 도출하는 과정이 항상 '원샷원킬'이면 얼마나 좋겠냐마는 대부분 그렇지 않다. 이름만 들어도 두려움이 엄습하는 취재를 들라고 하면 '전수조사'가 있다. 중요 사안에 대해 당내 찬반이 엇갈릴 때, 법안 처리를 앞두고 표심이 어디로 향할지 예측하기 어려운 상황에서 전수조사를 한다. 대표적으로 2016년 당시 박근혜 대통령 탄핵 발의를 앞두고 의결정족수(200명)를 채울 가능성이 있는지에 대한 전수조사가 있다. 여러 언론사에서 여당이었던 새누리당 의원들을 상대로 한 전수조사를 했다. 야권 성향 의원이 170여 명이었으니 새누리당에서 얼마나 찬성표를 던지느냐에 따라 탄핵 발의 여부가 결정되는 상황이었다. 전수조사가 완벽하지는 않더라도 탄핵 가능 여부를 가늠할 수 있는 만큼 관심이 컸다. 그런데 전수(全數), 즉 모집단 전부를 조사한다는 건 말만큼 쉬운 게 아니다. 당시 새누리당 의원은 120여 명이었다. 정당 팀원들이 의원들을 나눠 맡아 총출동한다. 몇 가지 공통 질문을 던져야 하는데 전화를 한 번에 받는 의원이 별로 없다. 다시 전화를 준다고 해 놓고 묵묵부답일 때도 많다. 연락이 닿더라도 찬반을 똑 부러지게 말하지 않고 애매하게 답하는 경우도 있다. 최대한 오차를 줄이기 위해 전화를 돌리고 또 돌린다. 앵무새처럼 같은 질문을 반복해야 한다. 내가 기자인지 질문을 자동으로 전달하는 ARS 기계라도 된 것인지 헷갈릴 정도다. 그렇게 전수조사에 하루 이틀을 꼬박 시달리다 보면 '뭐 하는 짓인가' 싶다가도, 이렇게 품을 들인 기사가 또 독자들에게 읽히는 게 뿌듯하기도 하다. 보람과 회의가 반복된다.

12

묻느냐 마느냐,
그것이 문제로다

▶ 다가갈 때, 버틸 때, 물러설 때를 잘 구분하자

 – 민감한 주제라고 무조건 회피하지 않기
 – 배려가 필요할 땐 과감하게 양보하기

#1. 답변자가 대답하기 힘든 질문이라면

등장인물 : 가족 문제로 골치를 앓는 민지장 의원

여의도에선 의원과 몇몇 정치부 기자가 함께하는 식사 자리가 흔하다. 공식 기자회견이나 간담회보다는 자유로운 분위기다. 정말 민감하거나 중요한 내용은 의원이 오프 더 레코드(비보도)를 요청한다. 오프를 전제로 하면 당장 기사로 쓸 수는 없지만, 돌아가는 판세나 분위기를 파악하는 데 도움이 된다. 대화 주제는 제약이 없다. 그러나 가끔 의원 측에서 사전에 기자들에게 특정 주제에 대해선 언급하지 말아 달라는 요청이 오기도 한다. 의원의 아픈 구석과 관련해서나.

한번은 민지장 의원과의 점심이 예정돼 있었다. 민 의원의 가족 문제가 구설에 오를 때라 기자들과의 만남을 피하던 중에 어렵게 마련된 자리였다. 평소와 달리 민 의원의 보좌진이 약속을 잡은 기자에게 "가족과 관련한 이야기는 하지 말아 달라"고 양해를 구했다.

고민이었다. 질문하는 게 직업인 기자가 가장 관심이 가는 주제는 덮어둔 채 자리를 갖는다는 건 말이 안 됐다. 의원이 민감하게 생각한다면 질문에 노코멘트하면 될 텐데 굳이 묻지도 말아 달라고 요청하는 게 맞는 일인가 하는 생각도 들었다. 그렇다고 어렵게 마련된 오찬인데 그 문제만으로 파하기도 아까웠다. 고심 끝에, 묻기는 묻되 우회적으로 묻기로 했다. '의원님, 지금 개인적으로 제일 논란이 되는 그 문제 있잖습니까. 혹시 그것 관련해서 하실 말씀 없으신가요?'라고 질문하기로 했다. 이유는 민 의원 본인의 생각이 보좌진의 생각과 같은지 일단 알 수 없었기 때문이다. 민 의원은 어쩌면 기자들이 질문해 주기를 바랄 수도, 가족 문제와 관련해 억울함이 있다면 해명하고 싶어 할 수도 있다. 하지만 반대로 보좌진은 민 의원을 생각하는 마음에 기자들에게 선제적으로 그런 요구를 했을 수도 있다.

그 질문을 대하는 의원의 반응을 보면 가족 문제가 그에게 어느 정도 비중인지 짐작할 수 있는 부분이어서 그냥 넘어갈 수는 없다고 판단했다. 그것은 향후 그의 정치적 행보에 참고할 만한 주요 포인트가 될 수 있다. 그냥 넘어갈 수 없었다. 다행히 그 질문이 나오기까지 식사 분위기는 아주 훈훈했다. 그 질문을 했다. 민 의원은 잠시 망설이는가 싶더니 "내가 피할 게 있겠느냐"라며 말을 이어갔다. 그의 해명을 듣고 보니 가족과 관련한 논란에 수긍이 되는 부분도, 변명처럼 느껴지는 부분도 모두 있었다.

직설적으로 묻지는 않았지만 운만 띄워도 무슨 내용인지 알만한 질문을 하면서 그 만남은 제값을 했다. 그 질문이 빠졌다면 하나마나 한 자리로 남아서 기억에 남지도 않았을 것이다.

#2. 묻기 곤란한 상황이라면

기자는 국민의 알권리를 위해 사회적으로 중요한 사실이나 공인과 관련된 사안을 신속하게 보도할 의무가 있다. 하지만 묻기 곤란한 상황 앞에선 이떻게 해아 할까. 질문은 말할 것도 없고, 말을 걸기조차 어려운 경우다. 큰 아픔을 당한 사람에게 그렇다. 공인이라고 슬픔에서 예외는 아니다.

당의 유력주자 A 씨와 가까운 사람이 불의의 사고로 사망했을 때의 일이다. 장례식장에서 A 씨가 나오기를 기다렸다. 혹시나 하는 마음에 질문할 거리를 몇 개 준비해 갔다. 막상 그가 나오니 역시나 허사였다. 믿고 의지했던 지인을 잃은 그의 표정 앞에서 지금의 심정을 묻는 말을 차마 할 수 없었다.

마침 옆에 있던 A 씨의 핵심 참모가 "오늘은 좀….”이라며 양해를 구했다. 더 묻지 않았다. A 씨가 어떤 말도 하지는 않았지만, 침묵이 많은 것을 말해준다고 생각했다. A 씨가 가고 나서 그의 참모에게 이런저런 궁금했던 것들을 물어봤다. 그 참모는 A 씨에 대해 선을 지켜준 김 기자가 고마웠던지 성심성의껏 대답해 줬다. A 씨의 발언을 직접 듣지는 못했지만, 그에 못지않은 충분한 정보를 접하게 됐다. 기자로서 접근이 어려운 영역인 당시 장례식장 내부에서의 속사정도 들을 수 있었다. 그 참모와는 장례식장에서의 일을 겪은 뒤로 더욱 각별한 사이가 됐다.

적극성은 물론 취재에 도움이 된다. 취재하면서 중요 취재원의 한마디를 듣기 위해 007작전 뺨칠 정도로 수소문해 비집고 들어가 질문 공세를 퍼부어야 할 때도 있다. 그렇다 하더라도 필요할 땐 한 번씩 물러설 줄도 알아야 한다.

〈잘못된 만남〉

별의별 사람들이 모여 있는 여의도, 그곳에서의 만남은 늘 새롭다. 너무나 어이없었던 만남도 기억난다. 지나치게 사사로움이 부각된 만남이었다. 몇몇 기자들과 비례대표 의원과의 점심 자리였다. 의원의 보좌관도 배석했다. 대화가 시작되면서 분위기가 이상하게 흘러가더니 모든 대화는 의원의 자식 자랑으로 귀결됐다. 기 · 승 · 전 · 자식 자랑이었다. 교육 현안에 대해 질문하면 그 의원은 "교육 중요하죠. 제 아이들 유학 보낸 이유가 거기 있어요. 한국에서 학교 다닐 때는…. 확실히 유학을 가니까…." 같이 나온 보좌관도 맞장구를 쳤다. "의원님 아이들도 그렇지만, 제 아이들이 ○○ 대학에서 학위를 받을 수 있었던 것도…." 둘은 주거니 받거니, 서로 띄워 주고, 서로의 자식을 띄워 주고 난리가 났다. 누가 누가 더 잘하나 경쟁하는 것 같았다. 대화 도중 자식만으로는 부족했는지, "저희 조카들은 둘 다 의대를 갔는데…."라며 친척들까지 소환했다. 식사를 마치고 국회로 돌아오면서 기자들은 이구동성으로 "오늘 도대체 누구랑 점심을 먹은 거니"라며 어이없어했다.

13

감추려는 자,
파헤치려는 자

▶ 눈에는 눈, 이에는 이. 상대가 만만찮을수록 집요하게 묻자

- '밀당'(밀고 당기기) 연마하기
- '이 정도만 해도 충분하다'는 생각 버리기

등장인물 : 제한적 정보만 노출하길 원하는 송가림 의원

정보 주고받기의 밀당에 관한 이야기다. 묻고 답하는 과정은 쌍방향의 관계에서 성립하듯이 정치인들 역시 질문에 대답만 하는 수동적인 사람들이 아니다. 그들 또한 언론을 이용해 자신의 목적을 달성하려고 한다. 정적(政敵)을 모함하려는 의도, 검토 중인 사안을 미리 흘려서 여

론의 반응을 보려는 의도 등 목적은 여러 가지가 있다. 때로는 자신의 진영에 비판적인 언론에 사건을 부각시키는 것이 아군을 결집하는 데 는 오히려 도움이 되는 경우도 있다. 모든 게 아름다운 공식으로만 굴 러가지 않는 곳이 여의도 생태계다.

정치인들은 기자들에게 익명을 전제로 이야기하면서 자신의 신원을 조금이라도 노출하기를 꺼린다. 제한된 정보만을 기자에게 이야기하는 것이다. 쉽게 말해 어떤 정보가 10가지 정도로 구성돼 있다고 가정하 자. 그중 2~3가지 정보만 알려주는 것이다. 이 정보를 아는 사람이 극 소수이고 10가지 중 7~8가지가 흘러나가 버리면 누가 정보를 줬는지 가 쉽게 탄로 날 수 있기 때문이다. 그래서 최대한 뭉뚱그려서 정보를 주려고 한다. 그러면 발뺌하기도 좋다. "나는 모르는 일이야. 봐, 기사 내용도 정확하지가 않잖아" 이런 식이다.

기자 입장에서는 2~3가지 정보라도 물론 소중하지만 아쉬운 점이 많다. 조금만 더 구체적으로 정보를 안다면 기사화하기가 수월할 뿐 아 니라 기사의 가치도 커진다. 이런 경우 정치인과 기자 사이에는 밀고 당기는 신경전이 벌어진다. 최대한 자신의 목적에 맞는 제한적인 정보 만 주려는 자와 한두 개라도 더 캐내려는 기자 간의 싸움이다.

송가림 의원 : A 의원이 B 씨를 접촉해서 입당(入黨)을 권유한 게 지난달 말 정도 돼요. 제가 그 현장을 우연히 목격해서 잘 알죠.

김 기자 : 8월 말이라는 게 하루하루가 다르게 당 상황이 바뀌던 때잖아요. 다른 야당에서도 B 씨를 접촉한 게 그 시점이었는데 어떤 요일에 만났는지가 굉장히 중요해 보이는데요. 다른 당에서 제안을 받고 나서 A 의원을 만난 것인지, 그전에 만난 것인지에 따라서. 날짜를 못 박지는 않을 테니까 그것 정도는 알려주실 수 있잖아요.

송 의원 : 그게···. 날짜까지는 좀. 모르긴 몰라도 아마 야당에서 접촉하고 나서 만난 걸로 알아. 그거까지만 이야기해 줄게. (평소 친해서 반말하던 의원이 정보를 알려줄 땐 존댓말을 했다가 질문이 이어지자 다시 반말로 돌아왔다.)

김 기자 : 그러면 최소한 26일 이후겠네요. 주말이 끼어 있으니 27일 아니면 28일에 두 분이 만나셨겠네요.

송 의원 : 자세한 건···. 거기까지만 할게.

김 기자는 송 의원을 통해 A 의원과 당이 영입하려는 B 씨를 만난 날이 단순히 8월 말이 아닌 27~28일 가능성이 크다는 사실을 알게 됐다. 거기서부터 또 다른 통로를 활용해 취재할 수 있다.

밀당은 겨루기와 같다. 양측 선수가 경기장에 올라 더 많은 점수를 올리기 위해 싸운다. 강하게 밀어붙였다가도 물러서며 유인한다. 온 체중을 실은 스트레이트 펀치뿐만 아니라 가볍게 잽을 날리기도 한다. 좌절을 맛보기도 하고 희열도 느낀다. 중독성이 있다. 김 기자가 이 바닥에서 쉽게 헤어 나오지 못하는 건 그 맛을 알아버린 탓이다.

〈누가 그런 얘길 합니까?〉

정치인들은 자신이 불리하다 싶을 땐 은폐·엄폐 전술을 쓴다. 한번은 비공개 의원총회 내용을 취재한 적이 있다. 의총 중간이라서 그런지 의원들이 모두 연락이 되지 않았다. 의총에 들어가 있는 핵심 당직을 맡은 A 씨에게 연락해 분위기를 물었다. "지금 잠깐 나왔는데 분위기 아주 험악해. (당 진로를 놓고) 자강파랑 통합파가 갈려서 고성도 오가고 난리도 아니야. 오늘 접점을 찾을 수 있다는 전망 기사도 나오던데 막상 들어가 보니 자강파가 제법 작정을 하고 온 거 같더라고." 그러나 의총이 끝나고 의원들을 취재하니 A 씨가 전한 중간 분위기와 온도 차가 났다. 조만간 접점이 모일 것처럼 이야기했다. 사실이라기보다는 모두 입을 맞춘 듯한 느낌이었다. 당의 분란이 외부에 알려지면 어느 쪽이나 마이너스라는 생각 때문이었을까. 그래서 A 씨에게 다시 전화를 걸었다. "아까 숭간 분위기랑 결론 낸 게 완전히 다른데요? 아깐 고성도 오갔다고 하셨잖아요."라고 했더니 다짜고짜 큰 목소리로 "누가 그런 이야길 했어요? 의총에서 고성이 오갔다니요. 원만하게 잘 진행되고 조만간 또 모여서 결론 내기로 했는데…. 도대체 누가 그런 이야길 하는 거예요?" 황당했다. 그래도 그가 왜 그렇게 반응을 하는지 짐작이 갔다. 나중에 찾아가서 물었더니 역시나 내가 생각한 그 이유였다. 통화한 그 시각, 당 대표가 바로 옆에 있었단다. 자신의 알리바이를 증명하기 위해 목소리를 높였던 것. 인간은 정치적 동물이다.

14

질문의 겉과 속
파악하기

▶ 액면 너머의 이면에 감춰진 의도까지 파악하자

  – 상대는 단순하지 않다. 중복 확인을 통해 종합 판단하기
  – 말뿐 아니라 눈빛, 몸짓, 목소리까지 유심히 살피기

등장인물 : 여당 지도부지만 사정을 모르는 강외지 의원, 당직은 없지만

　　　　　실세인 한중앙 의원

더불어민주당이 2020년 4월 총선을 앞두고 비례 위성 정당을 만드
느냐 마느냐를 가지고 논란이 오갈 당시 이야기다. 제1야당이 범여권
의 공직선거법 개정이 의회주의 폭거라고 주장하며 먼저 비례 위성 정

당을 만들었다. 그대로 가면 야권의 비례 정당이 총 47석이 걸린 비례 의석 중 상당수를 가져갈 거라는 시뮬레이션이 나오고 있었다. 하지만 여당인 민주당이 비례 정당을 만드는 건 간단찮은 문제였다. 일단 뱉어 놓은 말들이 많았다. 야권의 비례 위성 정당이 꼼수라며 "민주당이 만들 일은 절대 없다"라고 공언해 왔다. 하지만 물밑의 움직임은 결론적으로 말하면 그렇지 않았다. 추후 드러난 일이지만 민주당은 수면 아래에선 총선 승리를 위해 여러 작업을 하고 있었다.

그 시점에 민주당을 출입하던 김 기자는 당에서도 핵심과 주변의 차이를 알게 됐다. 소위 말하는 친문(친문재인) 핵심 의원들과 그렇지 않은 의원들이 말하는 뉘앙스가 달랐다. 비중 있는 당직을 맡았다고 해서 당 물밑에서 내밀하게 돌아가는 사정을 아는 건 아니었다. 당 지도부 인사였던 강외지 의원은 김 기자가 민주당의 비례 위성 정당 창당 움직임을 취재해 계속 기사화할 때 불편한 심기를 드러냈다.

강외지 의원 : 너무 한 거 아니냐. 지도부에서 위성 정당은 안 만든다고 하는데 왜 자꾸 기사를 쓰는 거야?
김 기자 : 아니, 선배, 꼭 그럴 거 같지 않다는 게 문제죠. 제가 취재 내용을 다 말씀드릴 수 없지만 분위기가 그렇지 않다니까요.

강외지 의원 : 니가 그렇게 생각하니까 그렇지, 아니라잖아. 대표도 나서서 아니라고 하는데 무슨 소리야.

김 기자 : 그럴 가능성이 크죠. 근데 나오는 이야기가 다르니까 하는 소리예요.

실제로 친문 핵심 의원들의 분위기는 달랐다.

김 기자 : 자꾸 비례 위성 정당 창당 이야기가 나오네요. 어떻게 보세요?

한중앙 의원 : 뭐 만들기가 쉽지는 않지. 근데 꼭 가능성이 없는 이야기는 또 아니지.

김 기자 : 당에서 아니라고 하는데, 만들지 않을 수 있는 건가요? 야당이 의석을 다 가져갈 판인데?

한중앙 의원 : 자세한 이야기는 해줄 수 없어. 고민이 많다는 정도만 말해 줄게.

정치권에서 나오는 언어 중에서 '절대'라는 말은 믿으면 안 된다. 절대 아니다 싶은 것도 온갖 명분을 갖다 붙여서라도 만들어 내는 것이 이 바닥 생리다. 정치인들이 왜 자꾸 법을 어기느냐는 비판이 나오는데 상당수 의원들의 사고방식이 그렇다. 법이 맞지 않으면 입법을 통해 바꿔버리면 된다고 생각하기 때문에 꼭 법을 따라야 한다는 준법정신이 일반인들의 그것과는 좀 다르다.

민주당의 비례 위성 정당 역시 21대 총선을 앞두고 지도부에선 "절대"라는 말을 하며 불가하다고 했지만, 결국은 만들어졌다. 그 취재 과정을 낱낱이 공개할 수는 없지만, 김 기자가 분명하게 깨달은 건 양파 겉과 속은 달랐다는 것이다. 양파 중앙부로 취재해 들어가면 갈수록 얻는 정보가 달랐다. 양파 겉의 외침보다는 양파 속의 은밀한 계획에 따라 움직이게 됐고 결론도 그와 비슷했다. 질문은 양파 겉 부분에 속한 취재원만 죽어라 파기보다는 중심부로 향해야 한다. 그래야 보다 양질의, 정확한 정보를 얻을 수 있다.

〈그가 화난 게 화난 게 아니야〉

여당 비상대책위원에 임명된 그의 스타일을 처음엔 잘 몰랐다. 순항하는 듯했던 비대위가 삐걱삐걱대면서, 그를 만나러 갔다.

"이런 식으로 하는 당에서 내가….".

"위원님, 그러면 사퇴하신다는 건가요?"

"난 자리에 연연하는 사람이 아니야. 뭘 더 하겠어."

"비대위원장이랑은 이야기해 보셨나요?"

"이야기는 뭘 더…. 당이 공천하는 거 보면 비대위원장 뜻이 그렇다는 건데."

"내일 비대위 회의는 참석하시는 건가요?"

"뭐하러 가. 비대위 분과 회의는 오늘이 마지막이야."

그는 즉답을 피했지만, 종합해 보면 사퇴로 기운 게 분명했다. 그래도 "사퇴하겠다"라고 분명히 말하지는 않았으니 '사퇴 시사' 정도로 마음의 대비를 하면서 그가 그만두는 것은 시간문제라고 생각했다. 그런데 다음 날 비대위 회의에 그가 참석했다. 이상하다 싶어 회의가 끝나고 다시 그에게 물었다.

"위원님, 어제 열렸던 분과 회의가 마지막이라고 하셨던 거 아닌가요?"

"내가 언제…. 아직 더 봐야 돼."

그 일 후로도 그는 상습적으로 알 듯 말 듯한 불만을 던졌다. 그런 식으로 그는 자신의 목적을 달성했다. 그의 스타일을 겪고 나서야 알게 됐다. 그가 "더 할 게 없다", "이런 식이면 못 한다"라는 이야기는 정말 사퇴를 의미하는 게 아니라는 것을. 그는 밀당의 고수였던 셈이다. 액면 그대로 받아들여선 곤란하다. 경험이 중요하다는 건 이럴 때 쓰는 말이다.

15

질문은 정보를
가진 자에게로
쏟아진다

▶ 그에게 질문이 몰릴 땐 이미 늦다. 미리미리 관계를 돈독히 하자

- 급할 때 물어볼 수 있을 정도로 평소 인간관계 다지기
- 꺼진 불도 다시 보기

정보는 권력자에게 집중돼 있다. 질문은 정보를 가진 자에게로 쏟아지게 마련이다. 정당의 경우 당 대표나 원내대표, 최고위원, 정책위의장, 원내수석부대표 등 주요 당직을 맡은 사람에게로 정보가 모인다. '친노, 친문, 친박, 친이…'라는 단어가 정치권에서 통용되는 것처럼 권력의 정점에 있는 사람뿐 아니라 그와 가까운 사람에게도 정보가 모인다. 비선(秘線) 실세도 그렇다. 주요 당직을 가졌거나 막후에서 실질 권

력을 행사하는 이들에게도 정보가 모인다.

결국 권력과의 거리가 정보량의 척도다. 기자들의 질문도 권력과 가까이 있는 이들에게 집중된다. 당 공식 회의가 끝나고 빠져나가는 정치인들에게 얼마나 많은 기자가 따라붙는지를 보면 그 사람의 권력을 짐작할 수 있다. 주요 당직을 맡지 않았음에도 기자들의 질문이 집중된다면 그는 실세다. 정치권에서 한 번씩 번개를 칠 때가 있다. 이 번개에 얼마나 많은 기자가 참석하느냐를 봐도 그의 위치를 짐작할 수 있다.

"오늘 OOO 의원이 번개 오찬을 기자들과 진행하려고 합니다. 참석하실 분들은 이 번호로 회신 바랍니다."

기자들은 번개를 썩 좋아하지 않는다. 잡아놓은 약속들이 웬만큼 있을 텐데 갑자기 번개를 날리다니. 여기서 갈린다. 신경 쓰지 않아도 될 자리와 욕하면서도 가야 할 자리가. 정보를 가진 사람이 부르는 자리가 그렇다. 12시 오찬인데 11시에 번개를 날렸다면? 상당수 기자가 부득불 가고 본다. 욕을 하면서도 간다.

그의 번개 오찬 자리는 한두 시간 전에 연락이 왔지만, 수십 명의 기자가 참석했다. 실세라서 그렇다. 눈도장을 찍는 차원에서도 참석해야 한다. 그 반대의 경우라면? 권력에서 거리가 먼 사람이 친 번개라면? 욕을 할 필요도 없다. 무시하면 그만이기 때문이다. 이런 번개는 설사 번개라는 명칭이 무색할 정도로 전날부터 공지하고 거듭되는 참석 요청을 한다고 해도 안 가면 그만이다. 앞선 실세의 번개에 대해선 "왜 갑자기 번개를 집는 거야? 그렇다고 안 갈 수도 없고…"라고 하겠지만, 이 경우엔 "뭐야. 웬 번개? 어이가 없네"와 같은 반응이 나온다. 여의도는 냉정한 곳이다.

비실세의 번개에 두세 명의 기자만 참석하는 모습을 봤다. 아무도 오지 않는다고 해서 번개 자체가 취소된 것도 봤다. 그도 한때 우리나라의 정치사에 한 축을 담당할 정도로 잘 나갔던 인물이다. 그러나 시간이 흘러 어느덧 국회에서 아무리 센 발언을 해도 기사 한 줄 나올까 말까 한 사람이 됐다.

번개뿐만이 아니다. 한때 자신의 계파를 거느릴 정도로 위세를 떨치던 정치인. 잘 나갈 땐 그의 만찬 자리에는 각 언론사의 반장 아니면 부반장급이 자리했다. 그러던 그가 탈당과 당직 사퇴, 경선 탈락 등 정치적 굴곡을 겪으며 점차 세가 기울어 갔다. 몇 년 뒤 그가 마련한 만찬에 참석한 기자들은 3, 4진들이 대부분이었다. 그나마 그때까지만 해도 세력이 남아 있었다. 그가 잘 나갔던 시절을 기억하는 기자들이 와서 건배사도 하면서 분위기가 나쁘지 않았다. 그러다 몇 년의 세월이 더 흐른 후의 자리는…. 결과는 말하지 않겠다. 권력무상.

〈그와의 계속되는 만남에도〉

여당의 중진 A 의원이 잘 나갈 때였다. 그와는 벌써 세 번째 식사 자리였다. 그런데 A 의원은 "우리 당에 언제부터 출입했어요? 우리 처음 보죠?"라고 하는 것이 아닌가. '나랑 당신이랑 인사를 몇 번이나 했고, 밥도 두 번이나 먹었어. 이 사람아'라고 쏘아붙이고 싶었지만, 완곡하게 "네, 의원님. 지난번에 인사 몇 번 드렸었는데요. 김OO 기자라고 합니다." 나를 탓해야지. 여러 기자가 함께 보는 자리였다고 해도 얼마나 인상적이지 않았으면 얼굴도 기억을 못 할까. 그런데 이런 하소연을 여당에 오래 출입한 선배에게 했더니, 선배 왈 "어 A 의원. 나랑 네 번째인가 밥 먹었을 때도 나를 몰라보더라고. 유명해." 더 우스운 건 A 의원은 당에 출입한 지 며칠 되지도 않은 이다은(가명) 기자를 보더니 "이다은 기자, 어제 반가웠어. 적응은 할 만해?" 이러는 게 아닌가. 얼굴뿐 아니라 이름까지 아주 정확히 알고 있었다. 누구는 한 번에 이름까지 기억하면서 누구는 몇 번을 봐도 초면으로 대하다니. 그러다 다른 출입처로 인사가 나서 한동안 그를 보지 못했다. 정당팀에 복귀했을 때 다시 A 의원을 만나러 갔다. 그땐 그가 한풀 꺾인 뒤였다. 한 시간 가까이 그의 사무실에 앉아 온갖 이야기를 나눌 수 있었다. 그 뒤로는 A 의원이 김 기자를 얼른 알아본다.

16

공식 인터뷰
준비는 이렇게

▶ 판만 깔아주면 못한다? '판 깔아주니 더 잘한다'는 말이 나오게 하자
　– 핵심 질문과 주변 질문 구분하기
　– 예상 질의응답으로 시뮬레이션해보기

　공식 인터뷰의 중요도를 매기는 척도가 방송은 '할애 시간'이겠지만, 신문에선 '지면 분량'이다. 적게는 원고지 4~5장의 분량, 많게는 신문 한 개 지면을 통째로 차지한다. 기자들이 기사에 녹이기 위해 취재원을 만나 그의 멘트 한두 마디를 듣는 것과 공식 인터뷰는 차이가 있다. 인터뷰는 우선 시간 약속을 하고 인터뷰에 소요될 시간을 사전에 확보한다. 거물급 정치인의 경우 최소 1시간은 필요하다. 시간을 길게 확보하

면 인터뷰가 진행될수록 그가 준비해온 답변을 소진하면서 점차 본인의 속내, 진심을 터놓기 쉬워진다. 그는 싫어할지 모르지만 인터뷰하는 기자 입장에선 좋은 점이다.

사진 준비는 필수다. 질문지를 작성해야 한다. 〈정치 일반〉, 〈국정 관련〉, 〈당이 당면한 과제〉, 〈주요 정책〉, 〈개인사〉, 〈향후 행보〉 등을 분류해 놓고 질문지를 작성한다. 그가 답변을 피해갈 것에 대비해 보충, 추가 질문도 마련하면 좋다. 그는 민감한 질문을 최대한 흘려 넘기고 자신이 하고 싶은 목소리를 인터뷰에 담고자 할 것이다. 하지만 입맛에 맞춰준다면 하나마나 한 소리만 싣게 되기에 의미 없는 인터뷰로 전락할 수 있다. 독자들이 궁금해하는 내용을 다뤄줘야 한다.

예를 들어 여당의 지도부가 되려는 인사에게는 "당·청 관계를 개선해야 한다는 목소리가 당내에서도 나온다. 청와대에 할 말은 해야 한다는 건데, 대표가 되시면 이런 목소리를 내실 건가"라고 묻는다. 당에서 논란이 되는 인사에 대해 어떤 입장을 가졌는지, 당내서도 의견이 엇갈리는 정책에 대해 어떤 생각인지 등을 인터뷰에서 최대한 정확하게 묻는 것도 중요하다. 그리고 같은 내용이라도 상대에 따라 질문은 달라진다. 야당 지도부가 되려는 인사에게는 "당·청의 독주를 막기 위해 야당이 제 역할을 해야 하는데, 기대치에 미치지 못한다는 비판이 나온다. 대여 관계를 어떻게 개선해 나갈 생각인가"라고 물어야 한다.

압박 질문에도 답을 피해 가는 정치인들이 있다. 자신이 준비해온 대답 외에는 노코멘트하거나 화제를 돌린다. 이런 정치인들을 만날 때면 김 기자는 그렇게 생각한다. '심심한 인터뷰를 하는 정치인들이 오래갈 수 있을지는 몰라도 정치적 결단성을 요구하는 책임 있는 자리까지 올라가기는 쉽지 않다'고 말이다. 반면 답변하기 곤란한 상황이 발생했을 때 회피하지 않고 오히려 인터뷰를 하면서 정면 돌파를 택하는 정치인들을 본다. 그가 비록 현재는 정치적 변방에 있다 해도, 유심히 다음 행보를 보게 된다.

요약하자면 인터뷰는 최선의 준비다. 그래도 안 되는 인터뷰는 상대를 탓하는 수밖에.

⟨맥빠지는 인터뷰⟩

군소 정당인 A당 대표를 인터뷰할 때다. A당에 대한 유일한 관심은 다른 당과 합당을 하느냐 마느냐였다. 다른 내용은 별로 궁금하지도 않고, 설사 어떤 이야기를 한다고 해도 A당이 처한 현실상 이뤄질 가능성이 크지 않았다. 그나마 합당을 한다면 정치권에 조금의 반향이라도 가져올 정도였다. 그러나 인터뷰에 응하는 A당 대표는 모호한 대답만 할 뿐이었다. 합당에 대한 질문을 하면 대표는 "국민은 그것보다도 민생을 더 중요하게 생각합니다. 정치인들이 지금 합하느냐 아니냐는 별로 중요한 문제가 아니에요"라고 즉답을 피했다. "그렇죠. 그런데 A당이 가진 힘으로는 아무것도 할 수 없는 현실이지 않나요. 지금 말씀하신 정책들을 이루려면 최소한 다른 당과의 연대는 불가피한 게 아닌가요?" 그렇게 모든 질문은 합당으로 향했다. 옥신각신은 계속됐다. 찌르는 기자와 피하는 당 대표. 인터뷰가 끝날 때까지 그는 결론을 짓지 않았다. 인터뷰를 마치고 나오면서 받은 느낌은 이 당은 합당을 하느냐 마느냐 선택할 힘조차 가지고 있지 않다는 것. 그 당은 어느 총선 이후 소멸했다. 인터뷰에서 질의응답이 활발히 이뤄질 수 있는 힘도 결국은 인터뷰 대상이 가진 권력과 비례한다. 그렇지 않고서는 변죽만 울리다 끝날 뿐이다.

17

누군가는
물어야 한다

▶ 좌고우면하기보다 소신을 가지고 묻자

　－ 비난과 거절을 두려워하지 않기
　－ 일터는 곧 전쟁터이자 놀이터라는 생각 갖기

#1. 대선 후보에게 묻다

2012년 8월 여당인 새누리당은 경선을 통해 당 대선 후보를 선출했다. 곧이어 열린 후보 수락 기자회견, 여당의 잔칫날 분위기가 반영된 질문들이 나왔다. 그러나 A 후보의 역사관 논란이 불거지던 시기라, 김 기자는 그냥 넘어갈 수 없어 다음과 같이 질문했다.

"후보자께선 후대에 관한 말씀을 하셨는데, 한 달쯤 뒤면 제 후대인 아들이 태어나는데요. 아들한테 언젠가 역사를 이야기해줘야 할 때가 올 겁니다. 교과서에는 5·16이 군사 정변, 군사 쿠데타라고 나와 있는데 대통령이 되겠다고 나오신 분은 5·16을 구국의 혁명, 불가피한 최선의 선택이라고 이야기하시면 제 아들에게 큰 혼란이 있을 거 같은데요. 그러면 제가 아들한테 어떻게 가르쳐야 할지, 아니면 후보자께선 대선에서 5·16을 혁명이라고 규정할 생각이라도 있으신 건지 궁금합니다."

A 후보는 씁쓸한 미소를 짓고서 대답했다.

"5·16에 대해서 쭉 오랜 몇 년간을 혁명이라고 교과서에 나온 적도 있었고, 또 군사정변이라고 한 교과서도 있고, 쿠데타라고 한 교과서도 있고 그렇게 다양하게 기술이 되어 있고 바뀌어 왔습니다. 교과서대로 배우겠죠, 우리 학생들은. 그러나 정치권에서 이 문제를 갖고 국민들의 생각이 다양하게 있는데 이렇게 생각을 해라 저렇게 생각을 해라, 옳으니 그르니 계속 끝이 없는 그 싸움, 국민한테 이렇게 생각하라고 몰아간다든가 정치권에서 계속 그러면 국민을 분열시키는 것 아니겠습니까. 강요할 수 있는 것도 아니고. 정치권에서 그 문제를 가지고 계속 해야 할 일은 뒤로 제쳐놓고 민생도 뒤로 제쳐놓고 그걸 가지고 싸우고 옳으니 그르니 하는 것은 정말 바람직하지 않다고 생각하고 있습니다."

회사로 A 후보 지지자들의 항의 전화가 왔다. "어떻게 기자가 후보자에게 그런 질문을 할 수가 있어요?", "아니, 당 대선 후보가 선출된 날에 그게 할 질문입니까?" 몇몇 여당 출입 기자들은 김 기자에게 우스갯소리로 "출입처 바뀌는 것 아니야?"라고 했다. 당에서 가만있겠느냐는 거였다.

A 후보가 기자회견에서 "역사의 판단에 맡기겠다"라는 입장을 고수하자, 역사관 논란은 계속됐다. A 후보는 결국 이 기자회견 후 한 달쯤 뒤 과거사 사과 기자회견을 열었다. A 후보는 "5·16과 유신, 인혁당 등은 헌법 가치가 훼손되고 대한민국의 정치 발전을 지연시키는 결과를 가져왔다고 생각한다"라며 사건 피해자와 피해자 가족들에게 공식 사과했다.

정권이 바뀌었고, 여야가 교체됐다. 법무부 장관으로 지명된 B 후보를 둘러싼 논란으로 정국이 시끌시끌했던 2019년 9월의 일이다. 수세에 몰린 B 후보는 돌연 국민청문회를 열겠다며 더불어민주당을 통해 국회 기자단에 당일 오전 알려왔다. 양해를 구한다는 형식이었지만 사실상 통보였다. 많은 논란 속에 그날 오후 열린 국민청문회는 다음날 새벽까지 이어졌다. 김 기자는 마감을 하고 나서, 자정이 넘은 시각 기자회견장을 찾았다. 질문은 이미 나올 대로 나온 뒤였다. B 후보는 본인이 자신 있는 질문에는 적극적으로 답했고, 불리한 질문엔 "잘 모릅니다", "제가 아는 바가 없습니다"라고 했다. 김 기자는 그래도 B 후보에게 질문했다.

"민정수석으로 계셨을 때 야당에서는 인사 문제를 많이 거론했었습니다. 인사 참사라는 비판을 하기도 했는데요, 어떻게 보면 야당의 정치 공세일 수 있는데 오늘 후보자의 답변을 듣다 보면 '민정수석 될 당시에 주식 투자가 문제가 될 소지가 있어서 펀드로 전환했는데 그것이 관보에 게재된 것도, 또 코링크라는 것도 알지 못했다'고 이야길 하셨고, 또 어떤 부분에선 '경제·경영 이 부분은 잘 모른다'고 했습니다. 그년 가까이 후보자께서 민정수석으로 있을 때 야당에서 문제 제기했던 인사 문제, 다시 말해 인사 검증이 제대로 됐는지 의구심이 들게 하는 발언들이 나왔습니다. 후보자께서 그년여간 민정수석으로 계실 때 본인 스스로를 평가하신다면, 특히 검증 문제에서 어떻게 점수를 주시겠습니까?"

B 후보는 이렇게 답했다.

"민정수석 여러 업무가 있는데 그중 하나가 인사 검증인 건 사실입니다. 매일 수십 명, 인사 검증해야 하는 게 사실이죠. 기자님 질문처럼 제가 사모펀드라는 것도 제대로 모르고 있고, 이건 사실입니다. 검증은 제가 개인이 하는 게 아닙니다. 정부 부처에서 엘리트 공무원이 파견돼 와서 금감원까지 포함한 것, 거기서 검증해서 적법·합법을 판단하고 제가 최종 보고서를 받습니다. 제가 증권이나 주식, 세금 모릅니다. 제가 세무 전문가가 아닙니다. 세무에 대해 거의 모릅니다. 각종 신고하는 것도 몰라서 제가 맡겨 버립니다. 여러 가지 부가가치세, 종합소득세 방법 몰라서 세무사에 맡기거든요. 그렇다고 제가 세무 업무 못하는 거 아닙니다. 제 검증팀에는 국세청 최고 요원들이 와 있습니다. 또 증권 문제는 금감원 최고 요원이 와 있고 그들의 판단과 분석을 믿습니다. 안 그러면 제가 모든 사안에서 최고 전문가가 될 수 없기 때문입니다. 모든 조직이 안 그렇겠습니까. 부하 직원들의 모든 업무를 알 수가 없죠. 그런 점에서 세금이나 경영 잘 모르지만, 민정수석실은 그 분야 최고의 전문가들이 와 있고 그 결론 기초해서 이 보고를 했던 것입니다."

B 후보는 이 답변을 하면서 "모릅니다"라는 말을 여섯 번이나 했다. 몇몇 기자들은 "김 기자 질문에 B 후보가 가장 많이 '모른다'고 답했다"라고 했다. 김 기자는 이 질문을 한 것만으로도 온라인상에서 B 후보 지지자들에게 "적폐기자"라고 공격을 받았다. B 후보는 장관이 됐지만 몇 달을 넘기지 못했다.

묻는다는 건 고상한 일이 아니다. 칭찬을 듣기보다는 욕먹을 일이 더 많다. 그러나 누군가는 물어야 한다. 이 정권이든 저 정권이든, 여야를 불문하고 묻는 일은 계속돼야 한다.

〈멀어져 간 사람아〉

　한나라당을 출입하면서 비상대책위원장을 가까운 거리에서 취재할 수 있었다. 그때도 경호는 있었지만 제약이 그리 심하지는 않았다. 여의도 당사에서 회의가 열릴 때마다 회의장을 오가는 그에게 질문을 던질 기회는 있었다. 물론 대답을 기대하긴 어려웠지만 말이다. 그러다가 그가 경선을 통해 대선 후보로 선출됐다. 더 이상 비대위원장 직함이 아니었다. 여당 대선 후보가 되자 경찰에서 인력이 보강되면서 경호가 강화됐다. 국무총리급 경호였다. 경호가 격상된 뒤로는 현장에서도 그에게 질문을 던지기 어렵게 됐다. 어디를 가든지 10명 정도의 경호원이 항상 그 주변을 지키고 있었다. 대선 국면에 본격적으로 접어들고 공식 선거운동이 시작되면서는 경호팀 규모가 더욱 늘어났다. 기자들의 접근이 더 어려워졌다는 이야기다. 비대위원장 때까지만 해도 한 발짝 떨어진 위치에서 그가 대답하든 안 하든, 째려보든 말든 질문은 던질 수 있었다. 이제는 그게 불가능해졌다. 대통령이 된 뒤로는 경호처가 직접 경호를 수행했다. 그때부턴 더더욱 접근 불가. 경호가 늘면 늘수록 기자들과의 거리가 멀어져 권력자들은 뼈아픈 질문을 받을 기회가 줄어든다. 그 뒤로 대통령이 된 분도 마찬가지다. 이전 정권의 불통을 지적하며 "주요 사안은 대통령이 직접 언론에 브리핑하겠다"라고 활발한 소통을 강조했는데 정작 기자회견은 몇 차례에 그쳤다. 누구라도 권력자가 되면 쓴소리를 듣기보다 구중궁궐에 머물고 싶은가 보다. 민심에서 멀어진다는 게 가장 큰 문제다. 권력자에 대한 감시와 견제를 소홀히 할 수 없는 이유다.

2장 준비해도 안 될 때,
낙담하지 말아야 할 이유

모르쇠형

어떤 질문을 던져도 속 시원한 대답이 나오지 않는 이들이 있다. 일반적인 현안을 주제로 대화를 나눌 땐 못 느끼지만 조금만 깊이 들어가면 모르쇠로 일관하는 사람들이다.

알고는 있지만, 모르는 척하는 진정한 모르쇠형이 있다. 알면서도 안 가르쳐 주는 얄미운 사람, '능구렁이처럼 빠져나가는 모르쇠형'으로 정의할 수 있다. 요리조리 질문을 잘도 피해가는 이런 사람은 대체로 능력치가 높은데 그래서 더 얄밉다. 어떤 질문이 들어오면 그에 대한 대답의 파급력을 스스로 가늠한다. 민감한 질문과 그렇지 않은 질문을 기가 차게 구별해 낸다. 답할 때의 태도를 보면 실실 쪼개기도 한다. "아이, 내가 그런 걸 어떻게 알아", "김 기자 요즘 왜 이렇게 열심히 해"라며 즉답을 피해간다.

물론 모르쇠형 중엔 정말로 모르는 경우가 있다. 자기도 몰라서 답을 못하기 때문에 '진짜 몰라서 모르쇠형'에겐 악의가 있다고는 할 수 없다. 다만 능력이 없는 것뿐. 안타깝다는 생각도 든다. 인간적으로는 친하게 지낼지 모르지만, 업무적으로는 별로 상대할 마음이 생기지 않는 유형이다.

진짜 몰라서 답하지 못하는 사람과 알면서도 답하지 않는 사람은 처음엔 잘 분간이 안 간다. 하지만 시간이 지나면 알게 된다. 질문에 대한 그 사람의 반응이 축적되는 시점이 있다. 전자의 경우엔 최대한 열심히 답하려는 노력의 흔적은 보인다. 하지만 알맹이가 없다. 후자는 회피하는 대답을 하면서도 조급함이 없다. 일견 여유가 느껴진다.

김 기자는 전형적 모르쇠형인 최부답 의원을 만난 적이 있다. 이런 능구렁이들은 아무리 친해져도 입을 잘 열지 않는다. 애초 민감한 현안엔 답할 생각조차 없는 것이다. 최 의원과 의원실에서 한두 시간을 열심히 떠들고 문을 나서도 핵심 문장 하나가 남지 않았다. 누군가는 이렇게 문제 제기할 수 있다. "김 기자, 당신과 그의 관계가 그 정도로 데면데면해서 그런 것 아닌가" 그럴지도 모른다. 종종 업계에선 이런 서먹한 단계를 넘어서면 핵심 정보들을 교환하는 관계가 되기도 한다. 김 기자도 파국을 맞을 정도로 얼굴을 붉혔던 사람과 친해진 경우가 있다.

"기사를 왜 그렇게 악의적으로 쓰는 거예요?"

"뭐가 악의적이라는 거죠?"

"중요하지 않은 부분을 부각하니 그렇죠."

"중요한지 않은지를 누가 판단하는 건데요?"

"누가가 아니라, 그게 중요한 문제인가요?"

"그럼 당에서 중요하다고 하는 것만 기사를 써야 하는 건가요?"

"실무진이 단순 실수한 거잖아요. 본질이 아니잖아요."

"어떻게 본질이 아니죠? 단순히 실수로 치부할 수 있는 사안인가요?"

실랑이가 이어졌고, 둘 다 잔뜩 흥분한 상태로 전화를 끊었다. 하지만 얼마 뒤 누가 먼저랄 것도 없이 사과 메시지를 보냈다. 각자의 위치에서 각자의 일을 열심히 하다가 일어난 일이다. 응어리를 풀고, 저녁 약속을 잡았다. 그 뒤로는 그와 정보를 나누는 것뿐 아니라 인간적으로도 끈끈해졌다.

차라리 얼굴을 붉히면 극적 반전의 희망이라도 있다. 그러나 민감한 질문을 절묘하게 피해가는 능구렁이형들과는 그럴 일조차 없다. 깊은 단계로 진입하기가 가장 어려운 유형이다. 애써 매달릴 필요 있겠는가. 껍데기는 가라? 능구렁이는 가라!

장황하게
말만 많아 형

야당의 천다언 의원은 전화 한 번 하기가 망설여지던 사람이었다. 의원들이 입씨름에 강한 사람들이라는 건 알고 있지만 그는 그중에서도 특히 말이 많았다. 말이 많은 걸 나무랄 이유는 없다. 정치는 정치인의 발언이 절대적 비중을 차지한다. 프레임이 말로 만들어지듯 말은 정치인의 경쟁력이기도 하다. 정치부 기자에게도 정치 기사를 위해선 방향과 흐름이 중요하고 정치인들의 '워딩'이 필요하다. 그걸 위해 정치인들의 한 마디 한 마디는 중요하다.

그러나 그토록 말이 많다는 천 의원에게서는 건질 워딩이 없었다. 방만하지만 실속이 없는 '장황하게 말만 많아 형'이다. 늘어놓는 말이 길면 길수록 핵심 워딩의 비중은 줄어만 갔다. 메모하다가도 어느 순간 지쳐서 손을 놓게 하는 마법의 힘을 가졌다고나 할까. 전화를 끊고 나서도 어떤 발언을 인용할 수 있을지 돌이켜보면 좀처럼 없다. 그와의 대화는 종종 엉뚱한 방향으로 흐른다. 현안을 이야기하다가 어느덧 본인의 하소연이 시작된다. "내가 이렇게 열심히 하고 있는데, 당 지도부는 뭐 하고 있는지 모르겠다. 이런 걸 좀 알아줘야 하는 것 아닌가. 우리 당은 왜 이렇게 싸울 줄을 모르느냐. 답답하다. 지지자들이 나보고 당 대표 나가라고 난리다" 등의 하소연이다. 이야기는 자기 자랑, 혹은 누군가의 뒷담화로 이어진다. "A 의원은 말이야, 좋은 사람이지. 이런 일이 있었대⋯. 근데 글쎄⋯." 칭찬으로 시작하는 듯하지만 깎아내리기다. A 의원은 천 의원의 공천 경쟁자 중 한 명이기도 하다.

김 기자는 그와 통화하다 보면 질문하고 싶은 마음이 사라진다. 끊고 싶어진다. 정중하게. "네, 네. 잘 알겠습니다. 또 연락드릴⋯"이라고 할라치면 김 기자의 의도를 눈치챘는지 "그런데 김 기자"라면서 또 다른 주제의 말을 꺼낸다. 마감하기도 바쁜 시간엔 이보다 더 곤혹스러울 때가 없다. 시간이 없어 기사를 쓰면서 급히 통화해야만 할 상황에서는 "네, 네"라고 퉁명스럽게 답하며 통화는 그저 수화기만 들고 있는 상태가 된다.

정치는 메시지다. 핵심 내용을 간결하게 한두 문장으로 던질 줄 알아야 한다. 질문자의 입장에서 보면 답변자가 우문현답을 해 줬으면 하는 바람이다. 아무리 고민해서 만든 질문거리라도 천 의원에게는 무용지물이다. 자신이 하고 싶은 말만 장황하게 늘어놓는 판에 무슨 질문이 먹히겠는가.

장황하게 말만 많아 형은 핵심이 뭔지를 모른다. 대체로 정치적 생명력도 길지 않다. 천 의원은 낙선 이후 정치권에선 잘 보이지 않는다.

공사 구분
없어 형

정치권 밑바닥부터 올라오지 않고, 어쩌다 정치인이 된 '어정'들은 공사 구분이 잘 안 될 때가 있다. 어떤 질문에 답할 때 그 말이 미치는 파문이 예전 민간인 신분일 때와 달라졌다는 걸 깨닫지 못한다. 대체로 전문 영역에서 일하다가 당에 영입되거나 자문위원 형식으로 정치판에 발을 들여놓게 되는 경우다. 시간이 지나도 자신이 어디 서 있는지 파악하지 못하는 사람들이다. 정치권에서 갈피를 잡지 못하다가 금세 적응하는 사람이 있긴 하지만, 좀처럼 드물다.

개인의 취향을 반영해 던진 말 한마디, 순진한 마음으로 던진 한마디

말이 걷잡을 수 없이 확전 양상으로 치닫기도 한다. 이런 인사들은 문제가 되면 이런 반응을 보인다.

"그 발언이 문제 될 줄 몰랐어요."

"왜 문제가 되죠? 전에는 아무 일이 없었는데."

공(公)에 몸담음을 인식하지 못하고 사(私)에 머무는 경우다. 정당에서 활동한다는 건 공적인 영역에 속하게 되었음을 의미한다. 정당에서 공직자를 추천하고, 당론으로 국민의 삶에 영향을 미치는 각종 법안을 발의한다. 사적 영역에서 살아갈 때의 실수보다 더 엄격한 잣대를 들이대는 영역으로 이동한 것이다.

어떤 이들은 자신이 속한 사적 영역을 과도하게 공으로 끌고 들어오려고 한다. 정치인이 되고서도 개인의 민원 해결이나 민간 때 몸담았던 조직의 논리가 우선인 사람들이다. 이런 정치 초보들은 그나마 양반에 속한다. 공적 위치를 이용해 사사로운 이익을 누리는 정치꾼들이 있다. 권력의 민낯을 정조준하며 부조리를 개혁하는 것처럼 보였던 인사들이 막상 권력자의 위치에 올랐을 때 본색이 드러난다. 일부 정치꾼들은 공정과 정의를 외치는 와중에도 수면 아래에선 편법과 부도덕으로 각종 특혜를 누려왔다. 그럼에도 그들은 불법이 아니라는 이유로 공의 위치에서 행했던 사를 정당화하려고 한다. 정당화 과정에서 논리는 논리를 낳고, 그 논리는 또 다른 논리를 낳으며 점차 거대한 괴물 논리가 탄생한다.

그 보기 흉측한 논리에 대해 끊임없이 문제 제기하지 않거나 비판적 질문을 던지지 않는다면 어떻게 될까. 수많은 그릇된 관행이 우리 사회 곳곳에 당당하게 자리를 꿰찰지 모른다.

질문자를 게으르게
만드는 자판기형

장황하게 말만 많아 형에 대비되는 인물이 준비된 답변형이다. 나쁘게 말하면 자판기형이다. 기자 입장에선 참 편한 인물이다. 질문 준비를 게을리한 채 상대해도 될 정도다. 그런데 과연 좋다고만 말할 수 있을지는 의문이다. 장기적으로 이런 유형에 익숙해지거나 길들면 묻는 입장에선 역량이 떨어질 위험이 있다. 적어도 업무 능력치를 한창 개발하는 단계에서는 난공불락의 강적을 만나 난관을 넘어서는 경험을 해보는 게 더 좋지 않을까 싶다.

자판기형은 전화를 받으면서부터 대강 감을 잡는다. 기자가 무엇 때문에 자신에게 전화한 것인지 예상하고 있다. 질문의 키워드를 언급하자마자 준비된 답변을 늘어놓는다. 딱 한두 마디 질문을 듣고 이야기를 하는데 핵심을 콕콕 집는다. 이들은 꼭 들어가야 할 단어를 찾아서 문장에 포함시킨다. 열 문장보다 한 단어가 핵심을 찌를 때가 있다. 이들의 멘트로 기사를 쓰다가 분량을 줄이기라도 해야 할 때면 아쉬울 정도다. 어디를 쳐내야 할지 고민하게 된다.

또한 이들은 비유를 적절히 사용한다. 축약어를 개발해 내기도 한다. 내로남불[2]이라는 정치권 불멸의 단어처럼 세월이 지나도 정치부 기사에서 사라지지 않는 단어가 있다. 정권이 바뀔 때마다 '고소영'[3] 내각이니, '캠코더'[4] 인사니 축약어들이 사용된다. 신형 단어들을 통해 기사의 윤택함을 더하는 것은 이들의 준비된 답변을 통해서일 때가 많다. 다만 비유와 축약어가 과잉된 정치인들이 있다. 한두 번 주목받을지 모르지만 남발하다 보면 외면당할 수 있다. 특히 본질에 충실하지 않고 포장지만 번지르르할 때 그렇다. 꼭 필요할 때 한 번씩 쓰는 비유와 축약어가 주목도가 높다.

그들은 마감에 쫓기는 기자들에게 고마운 우군이지만, 너무 길들지는 마시라. 질문의 칼이 무뎌질 수 있다.

---

2 내가 하면 로맨스 남이 하면 불륜의 줄임말
3 고려대 출신, 소망교회 신도, 영남 출신 인사들을 두고 앞 글자를 따서 부르는 말
4 캠프, 코드, 더불어민주당 인사의 앞 글자를 따서 부르는 말

구제불능
단답형

모 라디오 방송 진행자에게 "어떤 출연자가 가장 까다로운가?"라고 질문한 적이 있다. 바로 돌아오는 대답은 '단답형' 초대 손님이었다. 단답형은 어떤 질문을 해도 말이 짧다. 초대 손님을 부른 것은 그의 의견을 듣기 위함이다. 그런데 "네", "아니요"라고 짧게 끊어버리면 사회자 입장에선 식은땀이 난다. 사회자가 질의응답 시간을 예상해 질문 가짓수를 넉넉히 준비해도 답이 짧아 버리면 준비한 질문이 금세 동난다. 게스트의 대답을 듣고 빈틈이나 보강할 부분을 찾아 추가 질문을 던져야 하는데 도무지 찾질 못한다. 방송 사고가 날 판이다.

비록 생방송과 같은 급박한 상황은 아니더라도 취재 중에 이런 유형의 인사들을 만나면 짜증 나는 건 마찬가지다.

"이번 정부 공약 사항인데 청와대에선 당에서 힘 있게 추진하지 않는다고 불만이 좀 있나 본데요?"

"아닙니다. 그렇지 않아요."

"지금 당·정 협의가 잡힌 것도 아니고, 이번 본회의 때 중점 처리 법안으로도 올리지 않았잖아요."

"협의해 봐야죠."

"야당에서는 이번 법안은 여당이 오히려 의지가 없다고 하고 있는데···."

"모르는 소리죠."

"··· 네. 그건 그렇고 선거대책위 구성 논의는 잘 돼 가시나요? 지난번에 1월 말에는 될 거라고 하셨는데 벌써 시간이 지났는데···."

"할 거예요."

"잘 아시겠지만 당내에서도 이번 선거 걱정을 좀 많이 하긴 하더라고요. 변화하는 모습을 보여야 한다고. 의원님은 어떻게 보시나요?"

"같은 생각이죠."

이런 식이다. 첫 질문은 민감한 사안이라서 그러려니 할 수 있다. 그러나 대화 주제를 이리저리 바꿔도 돌아오는 대답은 한결같다. 이런 단답형 인사들에겐 어떤 현문을 던져도 단답이 올 뿐이다. 현문단답 아니면 우문단답이다. 질문의 내용이나 문구로 이런 유형의 사람을 설득하긴 어렵다. 애초부터 대답할 의지 자체가 없다고 보는 게 옳다. 인간적인 친분을 쌓거나 다른 방향에서 공략하는 수밖에 없다.

3장 현장에서 터득한 질문 기술

물량공세, 목적을 이룰 때까지

게임에서 물량전이라는 말이 있다. 전략전술에 대비되는 개념으로 물량으로 밀어붙이는 경기 스타일을 설명할 때 쓴다. 전략전술을 발휘하면서 경기 운용을 능수능란하게 펼치는 것도 중요하지만, 물량으로 무조건 밀어붙여서 승리하는 경기도 있다. 질문도 그렇다. 질문을 어떻게 해야 하나 요리조리 머리를 굴리는 것보다 무조건 끈질기게 밀어붙이는 방법을 통해 원하는 결과를 얻을 때가 있다.

물량전의 효과를 엿볼 수 있는 대목이 박지원의 ≪허생전≫(예림당, 2008)에 나온다. 허생은 10년 계획으로 남산골에서 공부하고 있었지만 가난에 찌들린 아내는 "당신은 배고프지도 않나요?", "배가 등가죽에 붙을 정도로 허기진 저는 소인배라서 그렇다는 건가요?", "글공부한 지 일곱 핸데, 언제 과거를 볼 건가요?"라며 질문 공세를 퍼붓는다. 아내가 "배운 게 글공부라 농사도 못 짓는다 배짱을 퉁기니, 그게 바로 도둑놈 배짱이지 뭐예요?"라는 말까지 하자, 허생은 결국 자리를 박차고 일어선다. 아내가 허생을 다그치며 집요하게 질문을 던지지 않았다면 허생전은 탄생하지 않았을지 모른다.

끈질기게 질문을 던지는 상대를 당해낼 재간이 없다. 현장에서 보면 한마디의 결정적 질문보다 이런 끈질김이 효과를 발휘할 때가 더 많다. 급한 상황에서 A 의원이 전화를 받지 않아 직접 그의 사무실로 찾아가 질문을 던졌다. 역시나 그의 입이 열리지 않았다. 다음 날도 다시 찾아갔다. 또 그 다음 날도. 결국 그는 "이렇게까지 할 사안은 아니지 않나"라며 마지못해 입을 열었다.

물량전의 장점은 끈기만 있으면 누구나 할 수 있다는 것이다. 머리가 뒷받침돼야 할 수 있는 전략전술과는 다르다. 허생과 같이 머리가 비상한 사람의 마음을 돌린 것도 결국 그의 아내였다. 속사포 질문의 가치다.

선문답

정치 연차가 짧은 의원일수록 질의응답이 비교적 명확하고 사무적이다. A를 물으면 A-1 또는 A-2라고 대답한다. 반면 중진 의원 중에는 선문답이 오가는 경우가 많다. 정치 연차가 쌓일수록 질의응답이 두루뭉술해진다. 좋게 말하면 정치 내공이 쌓인 것이요, 나쁘게 말하면 신선함을 잃은 것이다. 나무의 모양을 물으면 산의 전체적인 그림을 늘어놓는 식이다. 물이 어디로 흘러갈지를 물으면 뜬금없이 바다의 깊이에 대해 논한다. 한술 더 떠서 물의 도착지는 말하지 않은 채 그 물을 마실 사람이 누가 될지를 이야기하는 식이다.

기자 초년생 시절엔 선문답 방식이 익숙하지 않았다. 이런 유형을 대할 때면 내공에서 밀리는 느낌도 받았다. 그러나 정치부 경력이 쌓이면서 선문답을 받아칠 기지와 재기도 늘어갔다. 이들에게 민감한 사안을 선문답 방식으로 던지면 사실 확인까진 안 되더라도 방향을 파악할 수 있다.

대표 선거에 나설 핵심 후보가 사퇴할지 출마할지의 기로에서 정치 기사의 방향을 어떻게 잡아야 할지 고민일 때가 있다. 이런 상황에서 그의 측근에게 "사퇴하시는 거예요, 출마하시는 거예요?"라는 식의 직설적 질문은 무리수다. 대신 "후보님은 다음 달에 당사에서 뵙는 거죠?"라고 돌려 물을 수 있다. 당사는 당직을 맡은 인사들이 가는 곳이다. 핵심 후보가 출마해 당선된다는 것을 전제한 질문이다. 아니면 후보 등록을 앞두고 사퇴했던 B 의원을 거론하면서 "후보님도 B 의원의 길을 가시는 거죠?"라고 우회적으로 물을 수 있다.

고급 정보를 직설적으로 물으면 당사자는 부담스러워하고 말하길 꺼린다. 본인 입에서 그 정보가 새나간다는 걱정을 하기도 한다. 그러나 이런 부담감과 우려에서 그를 안심시키는 선문은 선답을 이끌어내는 요인이 된다.

돌려 말하지 않더라도 주어를 빼고 물어보는 것도 도움이 된다. 전화를 걸 때부터 선문답형 정치인은 이 기자가 왜 나에게 전화했는지 감을 잡고 있다. 기자도 전화하면서 이 정치인 정도면 그걸 눈치채고 있을 거라고 생각한다. 주어는 뺀 채 "오늘 결심을 한다고 하죠?"라고 물으면 "오늘일 거 같아. 누군지는 모르겠지만. 하하"라는 답이 돌아온다. 어떤 중진 의원은 전화를 걸자마자 주어는 언급하지 않고, "오늘 한대. 그것만 말해줄게"라고 딱 한마디 하고 전화를 끊은 적도 있다. 주어는 없었지만 어느 때보다 명확히 답을 확인한 상황이었다.

되묻기

질의와 응답은 일방통행이 아니다. 응답을 하다가도 질문으로 되칠 수 있다. 질의에 대한 응답 대신 되묻기로 응수하면 논쟁으로 확전되기도 한다. 화제를 전환하고, 공수를 전환하는 용도로 되묻기를 사용한다.

불리한 질문이 계속해서 들어오는 데도 답변만 되풀이하면 당한다. 최선의 방어는 공격이라고 하지 않았나. 되받아쳐서 본인이 질문자의 위치로 돌아설 필요가 있다. 되묻기를 통해 질문을 던지는 상대를 어느덧 불리한 답변자의 위치로 세워놓을 수 있다. 또는 답변 자체보다 되묻는 질문을 부각하면서 화제를 전환할 수 있다.

2020년 7월 27일. 박지원 국정원장 후보자 인사청문회가 열린 국회 정보위원회에서 되묻기의 한 사례를 볼 수 있다.

> 주호영 위원 : 우리의 주적이 북한인 건 틀림없지요? 그것도 정치적 발언입니까? 본인이 우리의 주적은 북한이라고 분명히 말씀하셨어요. 그것도 정치적 발언이었습니까?
>
> 국가정보원장후보자 박지원 : 그렇습니다. 왜 그걸 자꾸 물으세요?
>
> 주호영 위원 : 아니, 확인하려고 해요.
>
> 국가정보원장후보자 박지원 : 말씀드렸는데 그것 기억 못 하세요?
>
> 주호영 위원 : 틀림없습니까? 아니, 지금 후보자, 오늘······.
>
> 국가정보원장후보자 박지원 : 주적이라니까요. 왜 자꾸 그러세요? 한 백 번 여기서 소리 지를까요? 광화문 나가서 내가······.
>
> — '국회 회의록시스템' 중에서

박지원 후보자는 청문위원의 계속되는 물음에 정중히 답변하기보다 되묻는 걸 택했다. "왜 자꾸 물으세요?", "기억 못 하세요?", "백 번 소리를 지를까요?"라고 되물었다. 이 청문회를 다룬 상당수 기사는 박 후보자의 대답 자체보다 "백 번 소리를 지를까요?" 등 되묻는 질문에 방점을 둔 제목을 뽑았다. '북한이 주적이 맞느냐 아니냐'는 질문자의 프레임이었지만, 박 후보자가 이를 되물으면서 주도권을 뺏어온 결과가 됐다.

의도
가지고 묻기

의도를 가지고 묻는다는 것(프레임 전쟁)

정치권에서 후보 단일화를 할 때 사용하는 여론조사를 보면 질문 문구가 얼마나 중요한지 알 수 있다. '아'와 '어'라는 한 끗 차이로 승패가 갈리기에 물러설 수 없다. 한마디로 패배하면 끝인 '올 오아 낫씽'(all-or-nothing)인데 목숨을 걸 수밖에 없다.

대표적인 것이 지난 2002년 대선에서 노무현 후보와 정몽준 후보 간 단일화 협상이다. 정당을 기반으로 하면서 경선을 뚫고 올라온 노 후보

측은 '누가 단일후보로 더 낫다고 생각하느냐'는 적합도(선호도) 조사를 선호했고, 월드컵 열풍을 타고 지지율이 급상승했던 정 후보 측은 '누가 단일후보로 당선 가능성이 더 크다고 생각하느냐'는 경쟁력 조사를 원했다. 실제로 앞선 여러 여론조사에서도 노 후보는 선호도 조사에서, 정 후보는 경쟁력 조사에서 유리한 결과가 나왔다. 양측은 협상 결렬 위기를 맞기도 했지만, 결국 '한나라당의 이회창 후보와 경쟁할 단일후보로서 노무현 후보와 정몽준 후보 중 누구를 지지하십니까'라는 절충형 문구에 합의했고 결과는 노 후보의 승리였다.

2012년 대선에서는 야권의 후보 단일화 협상이 절충점을 찾지 못했다. 문재인 후보 측은 여론조사에서 지지도를 선호했고, 안철수 후보 측은 경쟁력 조사를 원했다. 지지부진하던 단일화 협상은 결국 안 후보가 중도사퇴하면서 일단락됐다.

최인철 서울대 심리학과 교수는 ≪프레임≫(21세기북스, 2016)에서 "사소해 보이는 질문의 차이가 프레임을 바꾸고 그 결과가 큰 파장을 가져올 수 있음을 이미 정치권에서 경험한 바 있다"며 "2002년과 2012년의 야권 대선 후보 단일화 과정은 질문을 통한 프레임의 위력을 잘 보여준다"라고 했다. 최 교수는 '세상을 바라보는 마음의 창'인 프레임을 설명하면서 '프레임=질문'이라고 했다.

여론조사 문구를 가지고 샅바싸움을 펼치는 건 대선뿐만이 아니다. 총선에서도 여론조사 문구 이견으로 후보 단일화가 무산되는 일이 비일비재하다. 같은 진영 간의 단일화는 본선 경쟁력을 높여주지만, 자기가 당선되지 않는 이상 무슨 소용이냐는 것이다. 마치 경쟁 회사에서 사업을 가져가는 건 괜찮지만, 회사 내부의 경쟁자에게 사업을 뺏기는 건 참을 수 없다는 심정과 같다.

자신에게 유리한 방향으로 결과가 나오도록 질문을 정하고자 하는 욕심은 누구나 생기게 마련이다. 그러나 선거를 앞두고 공직선거법과 선거여론조사기준에 어긋나는 여론조사를 하게 되면 제재를 받는다.

2019년 말 한 방송사는 여론조사업체에 의뢰해 심판론에 대한 여론조사를 했다. 여러 항목 중 제재 대상이 된 질문은 다음과 같았다. 정부·여당 심판론에 대해선 "'문재인 정부의 실정을 심판하기 위해 여당인 더불어민주당에 표를 주지 말아야 한다'는 주장에 대해 어떻게 생각하십니까?"라고 물었다. 또 야당 심판론과 관련해선 "'자기반성 없이 정부의 발목만 잡는 보수 야당에게 표를 주지 말아야 한다'는 주장에 대해 어떻게 생각하십니까?"라고 했다. 중앙선거여론조사심의위원회는 정부·여당 심판론과 야당 심판론에 대한 이 질문이 편향됐다고 판단했다. 정부·여당 심판론에 대한 질문은 '실정을 심판하기 위해'라는 항목 정도지만, 야당 심판론은 '자기반성 없이 정부의 발목만 잡는' 등의 문구가 들어갔다. 둘을 비교해 봤을 때 확실히 이감상 차이가 느껴진다.

박만규 아주대 교수는 ≪설득언어≫(베가북스, 2019)에서 지난 2012년 EBS 다큐프라임 〈킹메이커〉에서 방영한 설문조사를 인용했다. 이 조사에선 'KTX 일부 노선을 사기업에 매각하는 것에 찬성하십니까?'라고 물었을 때보다 '고속철도의 경쟁체제 도입에 찬성하십니까?'라고 했을 때 찬성이 훨씬 늘고 반대가 줄어든 결과가 나왔다.

박 교수는 '사(私)기업', '매각하다'는 단어는 응답자들에게 부정적 이미지를 형성한 반면 두 번째 질문에 있는 '경쟁', '도입' 등은 긍정적 가치로 작용했다고 분석했다. 이처럼 어떤 의도를 가지고 어떤 단어를 사용해 묻는지에 따라 결과는 차이가 난다.

의도성 활용하기

선거 등 공적 영역에선 의도성이 개입된 질문은 제약을 받는다. 정책에서도 혼선을 가져올 위험이 있다. 남발하면 곤란하다. 그러나 이러한 제약적 범위를 넘어 개인의 업무 영역에선 이야기가 다르다. 의도성을 적극 활용한다면 목적 달성에 큰 도움이 될 수 있다.

≪탈무드≫(유대교 랍비 지음, 편집부 편역, 더클래식, 2017)에 나오는 담배 예화는 유명하다. 한 학생이 랍비에게 탈무드를 공부하면서 담배를 피워도 되는지 물었을 땐 퇴짜를 맞지만, 다른 학생이 "담배를 피우는 동안에도 탈무드는 읽어야 하겠지요?"라고 했을 땐 랍비의 고개를 끄덕이게 만들었다.

같은 사안을 놓고 의도만 달리해서 물었을 뿐인데 랍비의 대답이 다르게 나온 것이다. 영악하지만 원하는 대답을 이끌어낸 건 후자였다. 의도성을 가진 질문은 나의 질문과 그의 대답 사이에서 신경전이 발생할 때 힘을 발휘한다. 또 그가 감추려 하는 것들을 드러내고자 할 때, 그들이 본질과 다르게 포장지만 화려하게 만들고자 할 때도 그렇다.

예를 들어 A당에서 막말 또는 성추행 사건이 발생했을 때 A당 지도부는 이 사건이 언론에 지속적으로 노출되는 것을 피하려 할 것이다. 이 사안이 거론되는 것 자체가 불편한 일인 그에게 "당에선 작년에 당헌·당규를 개정하면서 막말 등 물의를 일으킨 의원에 대해 엄격한 징계를 내리겠다고 했었는데요. 여전히 유효한 거죠?"라고 질문할 수 있다. 왜 해결하지 않고 덮고 가려 하느냐는 의도를 가진 질문이다. 답변을 피하려는 그에게 다시 한 번 "지난번 야당에서 문제가 발생했을 때 의원님께서는 '야당의 미온적 대처'라고 비판했던 적이 있었는데요. 그렇다면…."이라고 물을 수 있다. 프레임에서 벗어나려는 자와 가두려는 자의 싸움이다.

주어진 시간 안에 목적을 이뤄내려면 의도성을 가지고 확실히 목적을 조준해야 한다. 마치 여론조사 단일화 문구를 놓고 한 치도 양보하지 않겠다는 정치인들의 의지처럼 물러서면 안 된다.

05

의도를 가지되
티 나지 않게 묻기

선수는 선수를 알아본다. 아무리 의도성을 드러내려 하지 않아도 정
치권에서 굴러본 닳고 닳은 선수들은 기자의 질문 속에 숨어 있는 의
도를 단번에 파악하게 마련이다. 그런데 상대가 설사 내 의도를 알아챈
다 해도 티를 내는 것과 내지 않는 것 사이엔 차이가 있을 수밖에 없다.
프로 정치인들이 상대 기자가 아마추어라고 생각하는 것과 프로라고
생각하는 것 사이엔 대우가 달라지는 법이다. 그가 나를 만만하게 보느
냐 아니냐를 결정한다.

강모 의원에게 A를 파악하기 위한 목적으로 전화를 걸었다. 그간의

안부를 묻고 돌아가는 판세와 누군가의 근황, 이런저런 정황들을 나누었다. 그것은 사실 연막작전이었다. 그러다 대화 말미에 슬쩍 "근데 의원님, 요즘 A라는 말이 심심찮게 돌던데 그런 이야기 들어보셨어요?" 질문은 직설적이지 않다. 마치 지나가는 말처럼 슬쩍 던졌다. 그러나 나는 강 의원이 A를 다 알고 있다는 사실을 알고 있다. 어쩌면 A에 대해 가장 잘 아는 사람이 그다. 그런 강 의원에게 A와 관련한 더 많은 정보를 빼내고 싶다 해도 "의원님, A 관련해서 잘 아시죠?"라고 묻지 않는다. 대신 "들어보셨어요?"라며 강 의원이 A에 관해 제3자적 입장에서 이야기할 수 있도록 여지를 열어주는 방식을 택한 것이다.

강 의원도 김 기자가 자신에게 전화한 이유가 무엇 때문인지 아마 느꼈을 것이다. 여기서 반응을 보면 그의 선수 됨됨이를 알 수 있다. "그렇잖아도 누가 오늘 그 말을 하더라고. 하하. 진짜인가? 재밌어…" 라며 말을 이어간다. 그렇게 그가 슬쩍슬쩍 A와 관련한 조각 정보를 이야기한다. 강 의원은 자신도 들은 이야기라면서 멀찌감치서 대답했지만, 사실은 그 속에 추가 팩트가 묻어 있는 경우가 꽤 된다.

때로는 직설적인 질문도 필요하다. 빙빙 돌리면 상대 역시 대답을 빙빙 돌리다 이도 저도 아닌 질의응답으로 끝나버릴 수 있다. 위 사례처럼 강 의원이 저런 긍정적 반응을 보이지 않는 경우도 흔하다. "그래? 처음 듣는데"라거나 "들어보긴 했어. 별 내용은 없던데"라고 하면 내가 그제야 "사실은 의원님이 A와 관련한 당사자시잖아요"라고 말할 수 없다. 강 의원이 발뺌하는 분위기가 감지된다 싶을 땐 아예 처음부터 대놓고 직설적으로 물어야 한다. 그가 부인할 수도 있고, 사실을 확인해 줄 수 있다. 부인하는 과정에서도 단서가 확보될 수 있다.

> 김 기자 : 의원님이 추 의원한테 전화해서 A에 대한 대표님 의중을 전달한 거잖아요?
> 강 의원 : 아냐. 내가 무슨 대표 의중을 전달해. 나는 추 의원이 보자고 해서 이틀 전에 얼굴 한 번 본 것뿐이야.

강 의원이 추 의원과 이틀 전 만났다는 사실을 추가로 알게 되는 순간이다.

06

명확하게,
때로는
유연하게

명확한 답을 얻기 위해선 명확하게 물으라는 게 처세술에서 흔히 강조하는 바다. 물론이다. 묻는 의도가 불분명한데 대답이 명확할 리 없다. 묻는 의도가 분명하다면 돌아오는 대답도 선명해진다. 아울러 궁금한 바가 구체적이고 명확할수록 분명한 의도를 가지고 물을 수 있다. 그러나 현장에서 부딪히는 상황이 칼로 무를 베듯 확실치 않다는 데서 문제는 발생한다. 매사 명확한 질문을 던지면 좋겠으나 그런 경우는 열에 한 번 있을까 말까 한다. 실제로는 명확한 질문을 지향하면서도 유연함을 더할 필요가 있는 것이다.

'당 대표가 간밤에 여권 핵심 실세인 OOO을 만났느냐'를 취재하고 있다고 가정해 보자. 대답은 만났느냐, 안 만났느냐 둘 중 하나다. 그런데 이런 민감한 현안, 즉 만남 자체만으로도 정치적 파문이 커질 상황에서 대답을 쉽게 해줄 사람은 없다. 극히 제한된 정보다. 우선 이 질문에 대한 대답을 해줄 만한 사람을 찾아야 한다. 엉뚱한 사람에게 아무리 물어봐야 "난 모른다"는 대답만 돌아올 뿐이다. 그를 찾아 질문해야 한다.

그와 동시에 만족할 만한 대답을 얻기 위해 질문을 치밀하게 준비해야 한다. 정황을 최대한 수집해야 한다. 정황들이 모이면 그것을 통해 다시 질문을 던질 수 있다. 예를 들어 간밤에 대표가 누굴 만나긴 한 건지, 집에서 쉰 것인지, 비공개 일정이 어떤 것들이 있었는지 등 대답의 배경이 될 만한 정황들을 수집해야 한다. 이런 정보는 당 대표가 여권 실세 OOO과의 만남을 과연 가졌는지를 알려주는 배경으로 작용한다. '대표가 전날 오후 일정을 마친 뒤 귀가해서 나오지 않았다'와 같은 정황들은 저 정보가 잘못됐을 가능성이 크다는 것을 말해준다. 그게 아니라 '당 대표가 저녁에 어딘가에서 일정을 소화했는데 확인이 안 된다'는 것은 저 정보가 아직은 유효하다는 점을 뒷받침해 준다.

명확한 제보가 있다면 군이 정황을 수집하는 게 시간 낭비일 수 있다. 에둘러 갈 필요가 없이 단도직입적으로 물으면 된다. '명확하게 묻기'만으로도 가능하다. 이럴 땐 약간의 엄포도 도움이 된다. '확실한 물증과 증언이 내게 있으니 당신이 만약 거짓말을 할 경우 거기에 대한 책임을 져야 한다'는 식이다. 하지만 이런 결정적 제보를 만나는 게 쉬운 일은 아니다. 그럴 때도 내 패를 모조리 까는 건 내답에 노움이 되지 않는다. 때로는 100% 아는 것과 같은 태도를 취할 필요가 있다. 그렇지 않고 괜히 어설픈 자세로 묻게 되면 상대도 금세 간파한다. '김 기자가 정확히 아는 건 아니구나' 주저하는 인상을 줬을 때 상대 역시 제대로 대답할 의무에서 자유로워지게 된다.

상황에 따라선 근거 없는 자신감보다는 유연하게, 솔직하게 접근하는 게 도움이 된다. 괜히 쥐뿔도 없이 아는 척만 했다가 허세만 가득한 캐릭터라는 인상을 심어줄 수 있다. 정보를 가지고 거래한다는 인상을 주는 것도 좋지 않다.

원하는 대답을 얻기는 이처럼 쉽지 않은 일이다. 아무 질문에 대답을 갖다 바칠 준비가 된 사람은 누구도 없다는 사실만 기억하면 된다.

07

개방형 질문과
폐쇄형 질문

개방형 질문과 폐쇄형 질문은 응답자가 어떤 방식으로 대답할지를 결정한다. 개방형은 응답자가 자유롭게 대답할 수 있는 반면 폐쇄형은 선택지 중에서 고르거나 제한된 말로 대답하는 방식이다.

개방형이 "그때 왜 그렇게 생각했어?"라면 폐쇄형은 "그때 그렇게 생각한 이유는 ○○○ 때문이었지?" 등이다. 전자의 대답은 "그렇게 생각한 이유는 ○○○○○이었어" 정도가 될 수 있고, 후자는 "네" 혹은 "아니요" 등이다. 흔히 아이들을 키울 땐 사고력을 확장할 수 있도록 개방형 질문을 던지라는 조언이 많이 나온다. 어감 자체도 폐쇄보다는 개방이 긍정적 의미로 다가온다.

하지만 업무적 질문을 할 때 꼭 개방형이 우위에 있다고는 말할 수 없다. 필요한 상황이 제각각 다르기 때문이다. 예를 들어 기사를 쓸 때 중요하게 확인해야 할 부분들이 있다. 장황한 설명보다도 '예' 또는 '아니요'를 확인하는 게 가장 중요한 기사가 있다. 선거가 임박한 상황에서 단일화를 위한 회동을 했는지 안 했는지, 했다면 그 시점이 언제인지도 중요하다. 이럴 땐 개방형 질문을 던지기에 앞서 폐쇄형 질문을 던져야 한다.

"두 캠프의 선거 실무자 분들이 만난 게 맞는 거죠?", "회동을 한 날짜가 OO일이죠?" 또는 "회동 날짜가 단일화에 대한 이견으로 한 차례 협상이 결렬된 OO일 이후인 거죠?", "단일화 재협상을 위한 목적이죠?" 등이다. 폐쇄형 질문은 기사에서 보다 사실에 근접한 단서를 찾을 때 유용하다. 반면 정치적인 흐름을 파악하고 싶다면 개방형 질문이 낫다. "요즘 당 분위기 어때요?", "지도부 움직임이 요즘 심상찮던데 왜 그런 건가요?", "그분 후보 사퇴한 건 어떻게 보시나요?" 등의 질문이다. 하지만 현장에선 개방형 질문에 개방형 답, 폐쇄형 질문에 폐쇄형 답이 반드시 나온다는 보장은 없다. 개방형으로 물었지만 폐쇄형으로 답하는 경우도 있다.

도널드 트럼프 미국 대통령은 2020년 9월 10일 백악관 기자회견에서 ABC 방송의 존 칼 기자에게 "왜 미국 국민에게 거짓말을 했나. 그리고 우리가 지금 당신이 말하는 것을 왜 믿어야 하는가"라는 질문을 받는다. 트럼프 대통령이 코로나 바이러스 감염증 초반, 독감보다 치명적인 것을 알면서도 국민에게 제대로 알리지 않았다는 의혹에 대한 문제 제기였다. 트럼프 대통령은 "끔찍한 질문"이라며 "나는 거짓말하지 않았다"고 했다. 그러면서 "당신의 질문, 당신이 그걸 표현한 방식은 완전히 수치스러운 일"이라며 비난을 쏟아냈다. 기자는 '왜'라는 개방형 질문으로 물었지만, 트럼프 대통령은 '거짓말을 했느냐 안 했느냐'라는 폐쇄형 질문으로 자체 변환해 그에 대한 답을 내놓은 것이다.

사안에 맞는 질문 유형을 찾되, 기계적으로 매몰돼선 곤란하다. 변수가 많은 현장에선 자신에게 유리한 방향으로 질의응답을 끌고 가는 것도 중요한 기술이라 할 수 있다.

08

잘 아는
사람 찾기

질문을 받는 대상이 그 분야에 대해 잘 모른다면 양질의 대답을 기대하기 어렵다. 설사 해당 분야에 몸담은 사람이라 해도 자신의 주 전공이나 전문 영역이 아니면 내용을 잘 모르는 경우가 허다하다.

법원을 출입할 당시 이런 일을 많이 겪었다. 법률 용어는 비전문가가 단시간에 숙지하기는 쉽지 않다. 한자어가 많고 한 글자 차이로 뜻이 완전히 달라지는 경우도 있다. 내가 비전문가라는 핑계로 기사에 틀린 용어를 사용해서는 안 된다. 전문가에게 물어봐야 할 일들이 많았다.

한번은 '영장실질심사'와 관련된 용어가 헷갈려서 법조인들에게 문의했다. 법원에선 이 용어를 사용하는데 검찰에선 '구속 전 피의자 심문'(審問)이라고 했기 때문이다. '피의자 심문'은 형사소송법에 나오지만, '구속 전 피의자 심문'이라고 하면 용어 자체가 구속을 전제로 한다는 뉘앙스를 준다. 구속영장을 청구하면 대부분 법원에서 발부되던 시절에야 '구속 전 피의자 심문'이 통용됐다고 한다. 그러나 시간이 지나면서 영장의 타당성 여부를 따지는 의미인 '영장실질심사'가 보다 정확한 의미로 사용된다. 권력 변화에 따라 용어는 또 달라질 수 있다.

문제는 또 있었다. 법조 기사에서도 '구속 전 피의자 심문'을 '구속 전 피의자 신문'(訊問)으로 잘못 사용하는 예가 흔했다. 심문과 신문의 차이가 궁금했다. 사전적 정의만으로는 둘의 차이를 구별하기 쉽지 않았다.

심문(審問) : 자세히 따져서 물음
신문(訊問) : 알고 있는 사실을 캐어물음

뜻밖에 두 단어의 차이를 제대로 구분하는 법조인을 찾기 어려웠다는 사실이 충격이었다. 한 변호사는 "사시 준비할 때는 알았는데 실무에선 별로 쓰는 일이 없어서"라고 핑계를 댔다. 심지어 자신을 형사 전문이라고 소개한 어떤 변호사의 블로그를 보니 두 용어를 잘못 사용한 홍보글을 대문에 걸어놓기도 했다. 법조인조차 유심히 보지 않으면 구분이 쉽지 않은 용어다. 누구에게 물어봐야 정확한 대답을 구할 수 있을까 고민하다가 영장전담 판사 출신의 변호사에게 문의했다. 영장실질심사를 담당해본 법관 출신이어서 의미의 차이를 정확히 알고 있었다.

심(審)은 '살필 심'이고, 신(訊)은 '물을 신'이다. '심문'은 판사가 영장이 청구된 피의자의 영장 발부를 결정하기 전 소명할 기회를 주고 궁금한 것을 물은 뒤 살핀다는 의미, 다시 말해 '심사'에 가깝다. 구속 전 피의자 심문도 심사에 가까운 의미라 할 수 있다. '구속적부심' 제도에서도 법원의 '심문' 절차가 진행된다고 말한다. '구속적부심'은 구속된 피의자가 구속이 과연 합당한지를 법원이 다시 판단해 달라고 신청하는 절차다.

반면 '신문'은 소명할 기회를 준다기보다 따져 묻는 성격이 강하다. 형식적인 틀이 갖춰진 문답절차를 말한다는 점에서 '심문'과 대비된다. 수사기관에서 범죄를 파헤치기 위해 피의자를 수사하면서 묻는 건 '피의자 신문'이라고 한다. 법원에서도 증인을 출석시켜 물을 때 '증인 신문'이라고 쓴다. 출석한 피고인에게 재판장이 이름, 주소 등을 묻는 것은 '인정 신문'이라고 한다.

어려운 용어이다 보니 설명도 짧게 하긴 어렵다. 이런 의미 차이를 확실히 알기 위해선 고수를 찾아야 한다. 어설프게 아는 사람에게 아무리 많은 질문을 던져도 불확실할 뿐이다. 그 분야의 고수를 찾는 일은 시간 절약, 고생 절약의 지름길이다. 한 가지 덧붙이자면 두루 물어봐야 한다. 판사, 검사, 변호사들은 같은 법조인으로 분류되지만 그들은 완전히 다른 부류다. 검사는 죄가 있다 하고, 변호사는 죄가 있다는 증거가 불충분하다고 한다. 판사는 둘을 종합해 판결하지만 1, 2, 3심의 판결이 또 다르다. 저마다 각자의 이야기를 한다. 이혼 소송을 보면 같은 부부의 이야기가 맞나 싶을 정도로 원고와 피고 측 변호사들이 상반된 주장을 펼친다. 이혼의 계기가 되는 부부 싸움이 같은 장소, 같은 시간에 일어났지만, 양측의 주장만 놓고 보면 완전히 다른 사건으로 보이는 것이 신기하다. 다른 전문가 그룹도 마찬가지다. 교수는 자신이 보는 관점이나 주전공에 따라 다른 말을 한다. 어떤 경제학자가 기업 옥죄기라고 하는 것을 다른 경제학자는 경제 정의 실현이라고 한다.

원론적인 이야기일 수 있지만 신문도 보수적 성향이든 진보적 성향이든 골고루 봐야 균형을 잃지 않는다. 페이스북에서도 자신과 코드가 맞는 사람과만 친구를 맺으면 특정 논리에 파묻힐 위험이 있다. 골고루 사귀는 게 좋다. 나는 기분이 내키면 페이스북 친구를 무작위로 추가한다. 온갖 이념 성향의 사람들이 어느새 친구가 돼 있다. 페이지를 넘기면 동일한 사건을 두고 양 극단의 주장이 나열되는 걸 본다. '와 이렇게도 생각할 수 있구나', '왜 이렇게 생각할까' 설사 그 주장이 납득은 안 되더라도 이해하려고 노력할 수는 있다.

하지만 요즘의 진영 논리는 이런 이해를 위한 노력 단계마저 허용치 않는 모습이다. 이쪽 진영이든 저쪽 진영이든 조금만 거리를 두고 바라보면 어떨까.

09

거리 두기가
대세지만 질문에는
거리 좁히기

나와 그와의 친밀도는 질문에 유용하다. 아니, 생각보다 훨씬 유용하거나 결정적이다. 어떤 면에선 일을 열심히 하는 것보다 절대적일 수 있다. 우리가 애써 부인하는 와중에도 이 사회에선 아직 사람 간 친밀도가 업무에서 큰 힘을 발휘한다.

기자들이 의원을 부를 때 사용하는 호칭은 여러 가지인데, 호칭에 따라 거리가 가늠되는 측면이 있다. 기본적으로는 의원님이다. 어느 사회나 '님'이라는 호칭이 들어가면 거리가 좀처럼 좁혀지지 않는다. 그래도 무난하다. 참고로 정치부를 처음 출입할 때만 해도 나보다 나이가 많은 의원들이 대부분이었다. 갈수록 나이가 어린 의원들이 생겨나고 있다. 그럴 때도 'OOO 의원'이라고 부르지 않고 정중히 'OOO 의원님'이라고 부른다. 그의 나이보다 직위를 존중한다는 의미다. 친해지면 물론 이야기가 달라지지만 말이다.

두 번째로 흔히 사용하는 호칭이 '선배'다. 의원에게 "선배, 점심이나 한번 하시죠"라고 한다. 처음 여의도에 갔을 땐 이 호칭이 적응되지 않았다. '나와 출신 학교도 다른데 어떻게 선배라고 하나', '나보다 10년, 20년 나이가 많은데 어떻게 선배라고 부르나' 고민스럽다. 절충안으로 '선배님'이라는 호칭을 쓰기도 한다. 의원님이라고 하면 거리감이 느껴지고 선배는 너무 격이 없는 것 같다 싶을 때 그렇다.

직책이 있다면 존중의 의미를 담아 직책을 부른다. 대표든 최고위원이든 그냥 오를 수 있는 자리는 아니다. 야당의 한 중진 의원은 자신을 '박사님'이라고 불러주는 걸 그렇게 좋아했다. 박사 학위가 실제로 있는 양반이었다. 그 호칭을 부르며 점수를 따는 기자들도 있었다.

정말 친해지면 '님'이나 '선배' 다 떠나서 그냥 '형', '누나'가 나온다. 이렇게 부를 수 있는 사이가 된다는 게 좀처럼 쉽지는 않다. 여의도에 '형', '누나'가 많은 기자는 취재력이 강할 수밖에 없다. 관계적 측면에서 거리 좁히기는 취재에 도움이 된다.

정치인들도 기자들에게 친근감을 표시하는 호칭을 사용한다. 의원들은 통상 나를 김 기자로 부르지만, 정말 친해져서 형 동생 사이가 되면 "동하야"라고 이름을 부른다. 나보다 어린 보좌진의 경우는 "김 기자님"이라고 하다가 친해지면 "형님", "선배" 등의 호칭을 사용한다. 핵심 당직에 있던 한 인사에게 연락하면 "왜 자꾸 전화해. 누가 보면 애인인 줄 알겠어"라고도 했다. 또 다른 중진 의원은 초선일 때부터 김 기자를 "김 반장"이라고 불렀다. "저 말진입니다"라고 해도, 그는 그만의 친근감 표시로 그렇게 불렀다. "김 프로"라고도 했다. 반면에 아무리 친해져도 호칭을 변경하지 않는 의원들도 있다. 호칭 하나만으로도 그만의 스타일이 보인다.

한편 인간관계에선 거리를 좁히더라도 내용적 측면에서는 한발 떨어지기 또는 일정한 거리 두기가 유용할 때가 있다. 몰입하기보다 한발 물러서야 비로소 보이는 것들이 있다. 취재 중 한 곳만 집중적으로 파다가 뚫리지 않던 영역들이 의외의 제3의 길을 통해 확보되는 경우가 있다. 누군가의 스쳐 지나가는 말, 검색에서 나오는 이름이나 단서, 제3자의 증언 등이다. 조금만 거리를 둬도 다른 관점에서 볼 수 있다. 목적지로 가는 길은 하나만 있는 것은 아니다. 거리를 두면 이런 길 저런 길이 보인다.

10

질문은
듣는 것이
목적

질문은 대답을 들으려고 하는 것이다. 그런데 시민의 대표들이 모인 국회에선 사실 기본이 잘 지켜지지 않는다. 질문해 놓고 대답을 들으려고 하지 않는다. 대답을 듣기 위해 질문하는 게 아니라 질문하기 위해 질문하는 모습이다. 질문이 질문자를 광내기 위한 목적인지 본연의 의미조차 헷갈릴 때가 있다.

지난 2019년 7월 KBS 데이터저널리즘팀이 인사청문회 회의록 20년 치를 석 달에 걸쳐 분석한 결과를 발표한 적이 있다. 129개 청문회가 대상이었다. 회의록에 기록된 글자 천백만여 자를 질문과 답변으로 나눠 길이를 분석한 결과가 흥미로웠다. 답변 글자 수는 전체 발언의 25.7%에 그친 반면 질문 글자는 74.3%에 이르렀다. 인사청문회 후보자들의 답변보다 인사청문 위원인 국회의원들의 질문이 압도적이라는 뜻이다. 질의자인 의원들이 세 번 물을 때 답변자인 후보자가 한 번 대답한 셈이다.

인사청문회는 후보자들의 역량을 가리고, 도덕성을 검증하는 것이 주목적이다. 후보자의 답변을 통해 그것을 알 수 있다. 그러나 이런 본질은 망각된 채 청문위원들이 질의를 통해 자신의 주장을 내세우는 데 방점을 두면서 주객이 전도된 현실이다. 인사청문회에선 여야가 교체될 때마다 이런 모습이 반복된다. 여당이 야당일 때는 후보자들을 향해 일방적으로 공세를 퍼부었었고, 야당이 여당일 때는 여권 출신의 후보자들을 방어했었다. 공수가 뒤바뀌면 또 반대가 될 것이다.

말 잘하는 의원들이 모인 국회다 보니 말에서 밀리면 끝장이라는 생각이 강한 것 같다. 실제로 국회에서 말 잘 못하는 의원을 찾아보기는 쉽지 않다. 지역구 의원들은 표를 얻기 위해 유세, 간담회, 명함 돌리기, 지역 행사 찬조 연설, 토론회 등을 거치는 것이 일반적이다. 아무리 말을 잘 못하는 사람도 정치권에서 구르다 보면 능변가가 된다. 말발로 살아남는 법을 배운다. 초반엔 질의에 미숙했던 의원들도 험난한 전장에서 가시 돋친 말 몇 번 오가다 보면 투사가 될 수밖에 없다.

말 잘하는 건 좋지만 가려서 하지 않는다는 점이 문제다. 인신공격, 막말과 고성은 인사청문회 단골 메뉴다. 같은 말 또 하고 또 하는 반복 질문도 여전하다. 국회가 이런 꼴인데 우리 사회의 건전한 질의응답 문화를 바라겠는가.

한국 정치의 발전이 멀리 있지 않다. 남의 말에 귀를 잘 기울이는 의원이 많아지면 된다.

4장 질문을 방해하는 요소들

주체적이지
않은 사고

정보가 넘치는 세상이다. 온갖 말들이 떠돌아다닌다. 선동하는 말, 속이는 말, 거짓을 포장하는 말이 지천이다. 과거엔 서울을 두고 '눈 감으면 코 베어 가는 곳'이라 했지만, 요즘은 산골짝에 처박혀 있어도 손에 든 휴대폰으로 오감이 사로잡히기 십상이다.

주체적인 사고는 정신세계의 닻과 같다. 삶의 중심을 잡기 위해서 뿐만 아니라 적절한 질문을 던지기 위해서도 꼭 필요하다. 주체적 사고가 결여된 사람은 비판 능력이 떨어진다. 큰 물결이 흘러가는 대로 사고도 유랑하거나 반대로 자신이 보고 싶은 것, 믿고 싶은 것만 보고 믿게 될 뿐이다. 마키아벨리는 《군주론》(정영하 옮김, 산수야, 2020)에서 군주가 어떤 판단을 내릴 때 자문단을 두라고 말한다. 조언을 구하더라도 결과에 대한 책임은 자문단이 아닌 군주의 몫이다. 마키아벨리는 "군주는 모든 일들을 그들에게 묻고 그들의 의견을 주의 깊게 듣고 나서 자신의 결단을 내려야 한다"라고 말한다. 조언을 참고하고 나서 자신의 결단을 내릴 것인가, 아니면 조언에 휘둘릴 것인가. 주체적인 사고가 없으면 휘둘린다. 이런 유형의 사람들은 정작 정책 혼선이 발생했을 때는 자신은 뒤로 숨은 채 부하에게 책임을 돌린다.

주체적인 사고가 모자란 사람을 일컫는 다른 표현으로는 '팔랑귀'가 있다. 팔랑귀는 '줏대가 없어 다른 사람이 하는 말에 잘 흔들리는 성질이나 사람'을 비유적으로 이르는 말이다. 이 사람이 이 말 하면 이런가 보다, 저 사람이 반대말을 하면 저런가 보다 한다. 갈대처럼 팔랑거린다는 말은 어떤 말을 들으면 주체적 사고 없이 그대로 수용한다는 의미다. 에라스무스는 《격언집》(김남우 옮김, 부북스, 2014)에서 '사람 수만큼 생각도 다르다'는 점을 강조하며 테렌티우스의 '세 명의 조언자'를 언급한다. 테렌티우스는 "첫 번째는 좋다 하고, 두 번째는 나쁘다 하고, 세 번째는 가만히 더 생각해보자"라고 했다. 사람마다 하는 조언이 제각각인데 주체적 사고가 없는 '팔랑귀'가 이들의 조언을 듣고 과연 제대로 된 결정을 내릴 수 있을까.

정치부를 처음 출입하는 기자 후배들에게 종종 하는 조언은 "정치인들의 말에 휘둘리지 마라"는 것이다. 정치부는 '말의 잔치', '말의 향연'이 일어나는 곳이다. 무수히 쏟아지는 말들 속에서 옥석을 가리는 게 기자의 업무 중 하나다. 같은 사안을 두고 여당과 야당의 이야기가 다르다. 같은 당내에서도 계파에 따라 목소리가 제각각이다. 주체성이 없으면 휘둘리기 딱 좋은 환경이다.

이런 분위기에서 주체적 사고가 빠진 채 질문하면 답변을 소화하기도 어렵다. 오히려 무턱대고 던지는 질문은 답변자의 합리화를 위한 도구로 전락할 위험이 있다. 권력자는 어떤 식의 질문이든 자신에게 유리한 방향으로 대답을 내세울 준비가 돼 있는 사람들이기 때문이다. 그들은 겉으로 드러나지는 않게 기사를 유리한 방향으로 나오도록 유도하는 데 선수들이다. 그가 답하고 싶은 것만 답변할 무대를 열어주지 않기 위해선 언제든 답변에 반박하거나 추가 질문을 할 준비가 돼 있어야 한다. 그리고 이러한 준비는 주체적인 사고를 통해 가능하다.

지나치게
자기 확신적인 사고

주체적인 사고를 강조한다고 해서 독불장군이 되라는 소리는 아니다. 앞장에서 인용한 마키아벨리의 군주론은 주체적인 사고를 강조한 것이긴 하지만, 적정선을 넘으면 독재의 영역으로 전락해 버린다. 마키아벨리는 한편으론 "군주는 그가 선임한 사람 외에는 다른 어떤 사람의 의견도 듣지 말아야 한다"라고도 말한다. '주체적 사고'는 '지나치게 자기 확신적인 사고'와 묘한 경계선에 놓여 있다고 봐야 할 것이다.

자기 확신이나 줏대를 가지는 것은 좋지만 지나치면 과유불급이다. 정권이 바뀔 때마다, 주요 사건이 터질 때마다 각 진영에서 자기 확신에 넘치는 발언을 하면서 글과 행동으로 옮기는 것을 목격해오지 않았는가. 강한 자기 확신에 차서 자신만의 생각이 절대 진리라고 외치는 행태를 말이다. 온라인상에서 극단적 사고를 가진 이들이 상대를 공격하면서 "확증편향에 빠진 저런 XXX들의 말을 듣지 마라"라고 비방하는 것도 놀라운 장면이다. 자신의 극단성은 보지 못한 채 남 탓만 한다. 자신의 가치관, 신념과 일치하거나 들어맞는 정보는 받아들이고 그렇지 않은 정보는 무시하는 '확증 편향'은 사고뿐 아니라 올바른 질문을 방해하는 요소가 된다.

신념 자체가 잘못된 것은 아니다. 신념은 어떤 사안에 대해 빠른 판단을 내리거나 주체적으로 사고하는 데 도움을 준다. 문제는 지나치게 확신에 찬 신념이다. 지나친 신념은 나와 다른 의견을 받아들이는 길목을 원천 봉쇄한다. 질문에서부터 지나친 신념이 드러나 버리면 대답은 불 보듯 뻔하다. 질문과 대답이 합리적 절충점을 찾는 과정이 되기보다, 자신의 신념만 옳다고 주장하는 확증 편향의 공고화 장으로 전락하게 된다.

프랜시스 베이컨은 《신기관》(진석용 옮김, 한길사, 2001)에서 "인간의 지성은 한번 '이것이다'하고 생각하면 다른 모든 것을 그것을 뒷받침하거나 그에 합치되도록 만든다"며 "아무리 유력한 반증 사례들이 있다 해도 무시하거나 경멸하거나 그것만 예외로 치부해 제외하거나 배척하고 만다"라고 했다. "이것은 순전히 처음에 내세운 주장의 권위가 손상될까 두려워하기 때문"이라고 했다. 진영 논리나 극단으로 치닫는 사회일수록 지나치게 확신적인 사고가 늘어나고 나른 의견에는 귀 기울이지 않는다.

고위 법관을 지낸 법조계의 한 인사는 권력자들이 자신의 범죄 행위에 대해 오리발을 내밀면서 오히려 떳떳하다고 하는 행태를 꼬집으며 '합리화'의 속성을 설명했다. 그는 "강력 범죄라 해도 온갖 논리를 펴면서 '그 범죄 행위는 잘못된 것이 아니다'라는 식으로 합리화하면, 말도 안 되는 그 말을 말이 되게 만들 수 있다"라고 했다. 권력자 A가 행한 범죄 행위가 명백하지만, B라는 사람은 A가 선하다는 신념을 갖고 있고 A의 모든 범죄행위가 조작된 것이라 믿고 있다. B는 갖은 논리를 펼치며 A의 행위에 정당성을 부여하는 식으로 합리화한다. B가 오피니언 리더라면 효과는 몇 배로 뛰어나다. B와 같은 논리를 수십 명, 수백 명이 펼치게 되면서 언젠가 여론상으로는 A의 범죄가 아무것도 아닌 일이 될 수 있다는 것이다.

B는 진실을 믿기보다는 자신이 진실이길 바라는 것을 믿는다. ≪11가지 질문도구의 비판적 사고력 연습≫(M. 닐 브라운 · 스튜어트 M. 킬리 지음, 이명순 · 하자인 옮김, 돈키호테, 2016)에서 저자가 비판적 사고를 방해하는 요소로 언급한 "고정관념, 자기중심주의, 소망적 사고" 등이 B에게 해당한다고 할 수 있다. 이중 '소망적 사고'란 "진실이라고 알려진 사실이나 개념이 아닌, 자신이 진실이길 바라는 사실이나 개념들을 선호하는 사람"의 사고방식을 일컫는다.

다른 사람을 탓할 것 없다. 누군가 확증 편향에 빠져 내 조언에 귀 기울이지 않는다고 한탄할 필요도 없다. 오늘 하루, 내 안에 어떤 확증 편향이 있는지 되돌아보면 될 일이다.

인신공격과
비하, 막말

국회 상임위원회 회의나 국정감사 등에서는 사회자가 의원들에게 발언권을 주면서 흔히 "존경하는 OOO 의원님, 질의하십시오"라고 말한다. 같은 당이든 다른 당이든 국민을 대표해 발언하는 국회의원에 대한 존중의 의미를 담는다. 하지만 막상 질의가 시작되면 존경이라는 단어가 무색할 지경이다. 고성과 삿대질을 동반한 인신공격과 비하, 막말이 매번 등장한다. 하지만 여전히 개선될 기미가 보이지 않는다.

질의와 논쟁 과정은 과열될 수 있다. 저항이 발생하고 그걸 뚫어내기 위해 날 선 공격이 들어갈 수 있다. 이건 질의응답의 속성에 포함된다.

그러나 인신공격, 비하, 막말까지 그것의 범위 내에 있다고는 볼 수 없다. 질문을 빙자한 폭력이다.

왜 막말하는가. 질문과 응답에 자신이 없어서다. 논리적으로 상대의 허를 찌를 능력이 없기에 감정이 앞서는 것이다. 이러한 행위가 민의의 전당이라고 불리는 국회에서, 자신들이 국민의 대표라고 입이 닳도록 말하는 국회의원들이 버젓이 자행한다는 사실은 서글픈 일이다. 아래는 최근 몇 년간 국회 상임위 등에서 나왔던 막말의 일부 사례다.

"입 닫아 이 XX야", "국회 회의장에서 말 그따위로 할래?", "깽판 놓을 거야?", "참나 웃기네. 더 욕해줄까?", "완전 양아치 수준이구만", "어린 것이 말이야", "어디 동네 양아치들 하는 짓을", "어디서 큰소리야?", "야 너 뭐라고 얘기했어?", "이런 사람이 의원 한다고 앉아 있다", "나와, 나가서 붙자", "웃기고 앉았네. XX 같은 게", "선배도 몰라보고 말이야", "왜 그따위로 말해?", "이따위 짓을 하는 게", "뭐 하는 추태냐"

이런 발언들은 시간이 지나도 어떤 식으로든 기록에 남고 역사가 기억하는 법이다. 당시엔 후련했을지 몰라도 내뱉은 말들이 결국 자신을 향해 겨눈 칼이 돼 돌아온다는 것을 아는가. 당사자들은 잘 모르는 것 같다.

해묵은 감정

내면에 쌓인 해묵은 감정은 질문을 방해하는 요소가 된다. 일을 하다 보면 부딪힐 일이 있고, 감정이 쌓일 때가 있다. 그걸 그때그때 해결하고 넘어가면 좋겠지만, 모든 일을 깔끔하게 정리하며 넘어가기가 그리 쉽지는 않다.

취재도 마찬가지다. 일을 하다 보면 악연이 생기는 건 어쩔 수 없다. 기자라는 직업 특성상 미담(美談)을 기사화하는 비율보다 부조리나 모순, 비판 지점을 캐묻는 일이 잦다. 그러다 보니 질문에 날이 서게 되고, 취재원도 날로 맞서다 보면 마찰이 생긴다. 감정선을 건드릴 수 있다. 그도 그렇지만 내 안에도 앙금이 생긴다. 아래는 어느 중진 의원과 나눈 대화다.

"나는 평소에 김 기자랑 좋은 관계를 맺었다고 생각했는데 어떻게 그런 질문을 던질 수가 있는 거예요?"

"의원님, 그 질문은 지금 제가 하지 않는다고 해서 그냥 넘어갈 수 있는 문제가 아니라는 거 잘 아시잖아요."

"그래도 그렇지. 아니, 그리고 말이 나와서 하는 말인데 어제 기사는 왜 그딴 식으로 쓴 거야?"

"네? 그딴 식이라고요? 지금····."

영영 안 볼 사람이 아니라면 풀어야 한다. 언젠가 그를 다시 만나 질문해야 할 수도 있고, 그와 언제든 업무적으로 다시 만날 수도 있다. 이미 끈 떨어진 사람이라도 그렇다. 이 업계에선 '죽은 정치인도 다시 보자'는 말이 있다. 정치적으로는 이미 죽었다 생각했던 사람도 언젠가 동아줄을 잡고 부활해 요직으로 갈 수 있다는 뜻이다. 다시 안 볼 사람이라 생각하고 해묵은 감정을 방치했는데 언젠든 그와 재회할 수 있다는 것이다. 감정이 일을 방해한다면 누구 손해겠는가.

마음이 긁힐 대로 긁힌 상황에선 둘 중 하나가 먼저 손을 내밀어야한다. 감정싸움이란 건 오묘한 면이 있다. 둘 다 밑바닥을 내보이며 싸운 터라 화해 뒤에는 더 깊은 사이가 된다. 해묵은 감정을 툴툴 털어내고서, 둘도 없는 관계로 발전하기도 한다.

Part 4

나는 질문한다,
고로 존재한다

4K I 1920 x 1080
60FPS I 80 Mbps

질문할 게
없다는 당신께

질문할 거리가 없는가? 지금 머릿속에 떠오르는 질문은 무엇인가?

오늘 하루 일상을 보내면서 어떤 질문을 던졌는가?

점심 김치찌개 괜찮아?

집에 몇 시에 오니?

아픈 데는 좀 나았니?

몇 가지가 간신히 떠오르지만 금방 밑천이 탄로 난다.

질문은 달리 보면 훈련이다. 질문은 근육과도 같다. 자주 하면 할수록 더 좋은 질문이 나온다. 질문에 익숙지 않은 사람은 다소 불편하거나 불합리한 상황을 만나도 그것에 순응하려 할 것이다. 반면 질문에 단련된 사람은 그 상황에 대해 질문을 던질 것이다.

노벨 문학상을 받은 파블로 네루다가 지은 ≪질문의 책≫(정현종 옮김, 문학동네, 2013)은 첫 장을 펼치면 "왜 거대한 비행기들은 자기네 아이들과 함께 날아다니지 않지?"로 시작한다. 여기서 끝이 아니다. 이 책의 모든 문장은 질문으로 돼 있다. 네루다가 책에서 전방위로 던졌던 질문은 현상에 대한 질문, 현상에 상상을 더한 질문 등 다양하다. "당신은 죽음이 어디서 오는지 아는가, 위에서 아니면 아래에서?"와 같이 존재에 대한 질문, 자신의 내면을 향해 던지는 질문도 있다. 몇 가지 형태로 세분화해 살피는 것만으로도 질문 연습에 도움이 된다.

현상에 대한 질문

출퇴근길에서 우리는 무수한 현상을 만난다. 만원 버스, 도로를 가득 메운 차량, 통학하는 학생들, 문을 닫은 상점들과 연 가게들. 멍하니 그냥 지나치지는 않았는가. 가만히 들여다보면 우리 일상의 모든 일은 다 질문거리가 될 수 있다.

출근 시간에 신림역을 이용하는 사람은 얼마나 될까?

도로 위에는 어제보다 얼마나 많은 차가 있을까?

아이스 아메리카노의 무게는 얼마일까? 얼음을 뺀다면? 이걸 들고 가는 것만으로 내 몸의 칼로리는 소모될까?

문을 닫은 저 가게는 몇 시에 문을 열까. 폐업한 건 아닐까?

현상에 상상을 더한 질문

현상에 대한 궁금증은 1차원적 질문으로 이어진다. 그런데 여기에 상상력을 조금만 더해도 질문은 훨씬 다채로워진다. 가정법을 사용하면 질문 상황을 더 풍성하게 연출할 수 있다. 누구나 어린 시절 한 번쯤은 투명 인간이 된 자신의 모습을, 혹은 타임머신을 타고 원하는 시간대로 날아가는 모습을 상상해 본 적이 있을 것이다. 그러던 당신은 언제부터인가 현실주의자가 되어 더 이상 엉뚱한 상상일랑은 하지 않게 된 게 아닌가? 엉뚱 발랄한 상상을 머릿속에서 맘껏 굴려보는 건 자유다.

발 디딜 틈 없는 만원 버스에 굳이 올라타려는 저 사람은 모범생일까, 상습 지각생일까?

이 길로 가지 않고 반대 길로 돌아갔다면 첫사랑을 만나게 되지는

않을까?

회의에 늦게 생겼군. 들어가지 않고 그냥 떡볶이나 사 먹는다면 내

신변에 어떤 변화가 생길까?

바람에 흔들리는 잎이 만들어내는 바람의 파장은 어느 정도가 될까?

　

나비의 작은 날갯짓이 날씨 변화를 일으킨다는 '나비 효과'(Butterfly effect)라는 개념이 만들어진 것도 현상에 던진 하나의 엉뚱한 상상 때문에 가능했던 일 아니었을까. 혹시 아는가. 당신 머릿속을 자유롭게 구르는 작은 상상 하나가 당신 앞날에 큰 변화를 가져오는 작은 날갯짓이 될는지.

존재에 대해 묻기

살면서 문득문득 존재에 대한 질문이 떠오를 것이다. 그중 삶과 죽음이라는 주제는 존재에 대한 질문의 출발점이 된다. 살고 죽는 것은 근원적인 현상이기에 이와 관련한 질문은 인간의 본질과 맞닿아 있다.

초등학교 때 친척 집에서 며칠간 즐거운 시간을 보내고 돌아온 날을 기억한다. 신나는 일을 마치고 난 뒤의 허무함 때문이었을까. 잠자리에서 한참을 울었다. '갑자기 엄마, 아빠가 죽으면 어떻게 하나'라는 생각이 내면 깊숙한 곳에서부터 솟구쳐 올라왔다. 걱정에서 출발한 생각은 '죽음이란 과연 무엇일까'라는 질문으로까지 이어졌다. 해결할 수 없는 질문에 두려움과 슬픔이 나도 모르게 찾아왔다. 베개가 흥건할 정도로 울었다.

고등학교 때 다시 한 번 비슷한 경험을 했다. 한 가지 해결되지 않는 질문이 내내 나를 괴롭혔다. '내 어머니의 어머니가 있다. 외할머니다. 그 외할머니의 어머니가 있고, 그 어머니의 어머니가 있고, 그 어머니의 어머니가 있고, 그 어머니의 어머니가 있고…' 그 시작은 도대체 어디일까라는 질문이 생겼다. 끝을 알 수 없는 무량대수처럼 도무지 종착지가 보이지 않았다. 이 질문은 결국 무신론자였던 나를 신앙의 길로 인도했다. 신앙을 통해 그동안 해결되지 않던 근원적 질문도 마침표를 찍게 됐다. 이전엔 모든 것을 이성으로 해결하려고 했었다. 그러나 존재적 질문을 통해 이성의 영역을 넘어선 신앙의 영역이 내 삶의 또 다른 한 축으로 자리하게 됐다.

강남순 미 텍사스크리스천대 브라이트 신학대학원 교수는 ≪배움에 관하여≫(동녘, 2017)에서 학기 초 수업 시간에 자기소개 시간을 가지면 일정한 틀 속에서 진행돼 도무지 그 사람에 대해 알 방법이 없었다고 했다. 하지만 "내가 현재 씨름하고 있는 물음이 무엇인가?"에 답하는 방식으로 자기를 소개하도록 했더니 달라졌다고 한다. 강 교수는 "한 사람이 씨름하고 있는 물음들, 타자에게 건네는 질문들을 통해서 나는 그 사람이 지니고 있는 한 인간으로서의 내면세계의 내음을 느끼게 된다"라고 했다.

당신이 이 시간 씨름하는 질문은 무엇인가. 그 질문에 대한 답을 얻기 위해 어떤 노력을 하고 있는가.

자신에게 질문 던져보기

유년 시절의 낯선 내가 있다. 초등학교, 중학교, 고등학교, 대학교. 20대를 거쳐 30대의 나. 어느덧 40대가 된 나를 마주한다. 생각도 사고도 바뀌었다.

굶더라도, 돈 까짓것 뭐 중요하냐고 자신만만하던 내가 있다. 그러나 언제 그랬냐는 듯 혹시나 하는 마음에 로또를 사는 나도 있다. 진보적 열망에 가슴 뜨거웠던 적도 있고, 보수적 가치를 중시하며 살았던 나도 있다. 진영 논리에서 자유로울 수 없는 자신을 보면서 회의에 빠진 적도 여러 번이다. 현실 정치를 가까이서 지켜보는 정치부 기자로서 그들만의 논리에서 달아나고 싶었던 나도 있다. 이 사회의 치부와 권력의 민낯을 드러내는 기사를 쓰면서 사회 발전에 기여하는 것 같아 보람을 느낀 나도 있다. 기사를 저렇게까지 써야 할까, 기자라는 본업이 맞는 걸까 고뇌하는 나도 있다.

이런저런 고민은 지금도 진행형이다. 나에게 끊임없이 질문을 던진다. 결론이 나오는 질문도 있고 그렇지 않은 것도 있다. 질문은 최소한 '사는 대로 생각'하는 우를 범하지는 않게 한다. 한 번뿐인 인생인데 '생각하는 대로 살아야' 하지 않겠는가.

나에게 던지는
질문의 유용함에 대해

존재적 질문이라고 해서 꼭 심각할 필요는 없다. 철학적 기반이 필요한 것도 아니다. 툭 던져보면 된다. 주변에서 당연하다고 느끼는 것들이 있다. 무작정 수긍하기보다는 일단 질문을 던지는 것이다. 뭔가 다른 대답이 나올 수 있다. 사사로운 질문과 그 답을 찾는 과정에서 내 인생이 송두리째 바뀌는 수도 있다.

나 역시 질문을 통해 다른 선택을 하게 된 경험이 있다. 고등학생 때 인문계와 자연계를 고민할 때였다. 당시엔 국어보단 수학을 잘해서 담임 선생님은 내가 당연히 자연계를 갈 거라고 생각했었다고 한다. 질문을 던졌다. '내가 잘하는 것과 좋아하는 것 중에 뭘 선택해야 할까?' 결국 좋아하는 걸 택해서 인문계를 갔다. 학과를 선택할 때도 정치외교학과와 경제학과 중 좋아하는 걸 택했다. 경제학과가 취업엔 유리할 것 같았지만, 도무지 재미를 느끼지 못했다. 나이가 차서 취업할 때도 주변 사람들은 안정적인 직장을 권했지만, 기약 없는 언론사 시험에 도전했다. 갈림길에서 질문을 던졌고, 현재의 삶은 그에 답한 결과다.

반면 내 삶에서 변화가 없는 영역들이 있다. 가만히 보면 그와 관련한 질문이 없었던 영역이다. 예를 들어 나는 40년을 살면서 염색을 한 적이 없다. '염색을 한번 해보면 어떨까, 스타일을 바꿔보면 어떨까?' 이런 질문을 해보지 않았다. 지금도 이 분야에서만큼은 질문할 생각이 들지 않는다.

나의 자아, 그리고 존재와 관련한 질문은 일생을 관통하는 질문으로 확대되기도 한다. 누구나 한 번쯤은 그런 일생일대의 질문을 받거나 그에 대한 해답을 찾으려 밤새 끙끙댄 경험이 있을 것이다. 신념에 가득 찬 돈키호테 유형의 인간도 어떤 순간에는 햄릿이 되어 "사느냐 죽느냐 그것이 문제로다"라고 읊조릴 때가 있게 마련이다.

토크쇼의 여왕 오프라 윈프리는 14년 동안 'O 매거진'에 쓴 칼럼을 모아 ≪내가 확실히 아는 것들≫(송연수 옮김, 북하우스, 2014)을 출판하면서 책을 쓴 동기를 다음과 같이 설명했다.

1998년 영화평론가 진 스켈과 인터뷰를 마무리할 때 "그런데 말이죠, 오프라. 당신이 확실하게 아는 것이 있다면, 그것은 무엇입니까?"라는 질문을 받았다. 윈프리는 여러 해에 걸쳐 엄청나게 많은 질문을 받고 또 받아왔지만 무슨 대답을 해야 할지 전혀 감이 오지 않는 이런 일은 흔치 않다고 했다. 대답을 하지 못한 윈프리는 "생각할 시간이 더 필요해요. 그게 내가 확실히 아는 거네요"라고 마무리한다. 윈프리는 그가 한 질문이 자신의 인생에서 가장 중요한 질문으로 자리 잡았다고 했다.

당신도 자신에게 던진 질문으로, 혹은 누군가로부터 질문을 받고서 심연에 잠긴 적이 있지 않은가.

평서문에서
의문문으로

평서문을 국립국어원의 표준국어대사전에서는 "화자가 사건의 내용을 객관적으로 진술하는 문장. 평서형 어미로 문장을 끝맺는다"라고 설명하면서 "하얀 눈이 왔다"를 예로 들었다. '하얀 눈이 왔다'를 의문문으로 바꾸면 '하얀 눈이 왔나?' 정도가 된다. 이 질문에 나올 수 있는 대답은 어떤 게 있을까.

정말 하얀 눈이 왔다.

하얀 눈이지만 완전히 하얀색은 아닐 수 있다. 회색으로 보이는 부분도 있다.

하얀 눈이 왔지만 바닥에 닿으면서 더는 눈이 아닌 게 됐다.

아니다. 나는 아직 하얀 눈을 맞을 준비가 돼 있지 않다.

하얀 눈만 온 게 아니다. 추위도 함께 왔다.

평서문은 당위적인 것을 다루기 때문에 사고의 범위가 제한적일 수 있다. 그러나 위의 예시처럼 평서문을 살짝 의문문으로 바꾸기만 했을 뿐인데 뜻밖에 여러 대답이 나오는 걸 본다. 평서문보단 의문문이 상상을 자극하는 힘이 있다.

2013년 12월 '안녕들 하십니까' 대자보가 큰 화제를 모았다. 대자보를 작성한 고려대 경영학과 주현우씨는 철도 민영화, 비정규직 문제 등에 무관심한 청년들을 향해 '안녕들 하십니까'라는 제목으로 "저는 다만 묻고 싶습니다. 안녕하시냐고요. 별 탈 없이 살고 계시느냐고. 남의 일이라 외면해도 문제없으신가, 혹 정치적 무관심이란 자기합리화 뒤로 물러나 계신 건 아닌지 여쭐 뿐입니다"라고 했다. 이 대자보는 내용도 내용이지만 '안녕들 하십니까'라는 제목이 큰 반향을 일으켰다. 만약 처음 내걸었던 대자보 제목이 '안녕들 하십니까'가 아니라 '안녕하지 못합니다'라는 평서문으로 끝났다면 어땠을까. 메시지가 같더라도 아마 그렇게까지 화제가 되지는 않았을 것이다.

당신의 삶이 평서문과 같은 현실이라면 한 번쯤 의문문으로 바꿔보는 건 어떨까. 아침 출근길의 자신을 표현한다면 '나는 출근합니다'가 된다. 객관적인 문장이자 당위적인 의미다. 출근은 해야 한다. 그렇게 하루하루 출근을 당연하게 받아들이다 보면 어느덧 정년이 오고 퇴직하게 될 것이다. 그렇게 살다가 죽음 앞에서 후회와 허부가 밀려온다면 어찌할 셈인가. 그전에 한 번쯤은 질문을 던져야 한다.

'나는 출근을 합니까'라고 물어봐야 한다. 질문은 다양한 형태로 뻗어나갈 수 있다.

나는 출근을 해야 합니까?

나는 출근을 왜 해야 합니까?

나는 출근하지 않고 다른 일을 할 수는 없습니까?

나는 무엇을 위해 출근합니까?

출근보다 더 좋은 것들이 있지는 않습니까?

내가 출근하지 않는다면 우리 가족은 누가 먹여 살립니까?

나의 출근과 내 대출금의 상관관계는 어떠합니까?

내가 오늘 출근하지 않고 땡땡이를 친다면 어떤 일이 일어날까요?

물론 이런 질문을 던지더라도 다른 결론을 내는 사람은 흔치 않을 것이다. 그러나 적어도 자신을 되돌아볼 기회는 생긴다. 출근이 어떤 의미인지 매일 자신에게 물어보는 사람과 수십 년간 당연하게 출근길에 오르고 나서야 뒤늦게 출근의 의미를 깨닫는 사람 사이에는 큰 차이가 날 것이다.

≪뉴욕타임스 부고 모음집≫(윌리엄 맥도널드 편저, 윤서연 외 6명 옮김, 인간희극, 2019)은 앞날개에서 "당신은 어떤 문장으로 남고 싶나요?"라는 메시지를 독자들에게 던진다. 그 질문에 '출퇴근만 하다 간 삶'이라고 남기는 건 왠지 서글픈 일 아닌가.

질문과 응답 사이의
여유 공간

질문하다 보면 생각의 깊이가 더해지고 사고가 숙성한다. 어떤 현상 앞에서 다방면으로 질문을 던지다 보면 그 현상을 액면 그대로 받아들 여야 할지, 말지를 결정할 수 있다. 때로는 곧바로 해답을 내리기보다 질문 자체를 음미하는 시간적 여유를 갖는 게 필요하다. 여유 공간이 생기면 질문은 또 다른 질문을 낳는다. 질문이 풍성해지는 것이다. 질 문이 다채로운데 응답은 말할 것도 없다. 질문과 응답 사이 숙성의 시 간은 다른 말로 하면 질문의 맛을 느끼는 시간이다.

그런데 요즘은 이런 숙성의 시간이 별로 없다. 궁금한 게 생기면 바로 검색한다. 과거엔 포털 사이트가 대세였지만, 이제는 검색도 유튜브 등 영상을 통하는 시대가 됐다. 머릿속에 떠오른 질문이 어떤 성격인지 미처 깨달을 시간도 없이 영상이라는 '현물'을 통해 즉각 답을 확인한다. 질문은 내 생각을 자극하게 마련인데 이런 자극이 생길 시간조차 주지 않을 정도로 우리는 검색의 홍수 시대를 살고 있다. 스마트폰을 손에서 놓지 않는다.

직업 특성상 시시각각 쏟아지는 뉴스에 누구보다 많이 노출되는 나는 이 숙성의 시간을 확보하기 위해 매일 사투를 벌인다. 가장 유용한 방법은 점심·저녁 식사 후 걷는 시간을 이용하는 것이다. 짧지만 누구의 방해도 받지 않는 혼자만의 시간이다. 미디어와도 잠시 거리를 둔다. 걷는 와중에 떠오르는 생각을 음미하는 재미가 제법 쏠쏠하다. 내 글감 아이디어의 8할은 그 시간을 통해서 나왔다고 해도 과언이 아니다. 글의 주제, 목차, 내용, 수정할 부분, 담아야 할 부분에 대해 계속해서 나에게 질문을 던지고 고민했다.

아이가 질문할 때도 곧바로 답을 하는 편이지만, 가끔은 시간을 두고 생각해 보라고 권한다. 끊임없이 손과 눈에 잡히는 놀 거리를 찾는 아이와 잠시 '생각놀이'도 즐긴다. 생각으로 하는 놀이다.

"오늘 놀았던 것 중에 뭐가 제일 재미있었어?"

"놀이터에서 형들이랑 딱지치고 논 게 제일 재미있었어."

"딱지는 지금 몇 개야?"

"52개 됐어."

"지난번엔 30개였는데 많이 늘었네. 딱지치는 건 뭐가 그렇게 재밌어?"

"제대로 맞아서 딱 하고 뒤집어지면 기분이 좋아."

그저 대화지만, 나는 이 단순한 것에 '생각놀이'라는 이름을 붙였다. 수많은 장난감과 놀잇감에 지친 아이에게 자주자주 여백의 시간을 만들어주고 싶다.

05

상대를
배려한 질문

같은 질문이라도 '서 있는 위치'에 따라 체감도는 확연히 차이 난다. 상대방의 개인사(個人史)가 궁금하더라도 질문에 신중해야 하는 이유는 그 사람의 처지에 따라 기분 나쁘게 받아들일 수 있기 때문이다. 좋은 뜻으로 한 질문도 예외는 아니다.

과거엔 초중고 시절 학년이 바뀔 때마다 빠지지 않는 면담 질문이 아버지 직업에 관한 것이었다. 부모 직업이 번듯한 사람이라면 자신감 있게 적겠지만, 그렇지 않은 아이들은 사춘기 시절 민감하게 받아들일 수 있는 문제다.

선을 넘는 순간 질문은 강압이자 폭력이 된다. 영화 〈친구〉에 나오는 유명한 대사 "느그 아버지 뭐하시노"가 나오면 사태는 심각해진다. 영화 〈범죄와의 전쟁〉에선 최익현(최민식)이 일선 경찰관에게 "느그 서장 남천동 살제? 어? 내가 임마, 느그 서장이랑 임마, 어저께도, 어? 같이 밥 묵고, 어? 사우나도 같이 가고, 어? 이 XXX아 다 해쓰(했어) 임마"라고 하는 것도 선을 제대로 넘었다.

회식 자리에서 이런저런 화제로 이야기하다가 시시콜콜한 신상 조사부터 시작해 "왜 결혼 안 하는 거야?", "애들은 언제 낳으려고?" 등의 질문으로 넘어가는 분들이 있다. 명절에 시달리는 것만 해도 곤욕인데 말이다. '부장님, 이런 질문을 하고도 감당하실 수 있겠습니까.'

같은 질문이라도 누가 그 질문을 하느냐에 따라 성격이 달라지기도 한다. 대리가 과장에게 "오늘 저녁 약속 있으세요?"라고 묻는 건 양호하다. 부하가 그런 의도로 묻는 것은 진로 고민이라든지 나름의 이유가 있을 것이다. 그 질문에 대해선 과장에게 선택권이 있다. 그러나 그 반대라면 어떤가. 과장이 대리에게 "오늘 저녁 약속 있나?"라고 묻는 것 말이다. 대리는 그 질문을 듣고 짧은 시간 동안 머리를 굴려야 할 것이다. 어떻게 해야 최선의 답을 산출해 낼 수 있을지 고민해야 한다. '이

양반 또 도졌네', '과장 갑자기 또 왜 저러나', '선약이 있다고 할까', '기분을 맞춰 줘야 하나', '아 하필 오늘'

점심 메뉴를 정하는 것도 마찬가지다. 과장이 먼저 대리에게 "오늘 점심은 간만에 돼지국밥 어때?"라고 질문의 형식을 빌었지만 답정너(답은 정해져 있고 너는 대답만 하면 돼)다. '이 양반, 만날 지 좋아하는 국밥류만 찾네'라면서도 "네, 좋아요. 과장님. 전에 갔던 그 집으로 갈까요?"라고 말한다. 반대로 대리가 먼저 과장에게 "오늘 점심은 파스타 어떠신가요?"라고 하면 어떤가. 마음에 들면 "좋지"라고 답하면 되고, 정 싫다면 부담 없이 "유명한 냉면집 체인점이 생겼더라고, 거기 한번 가보는 건 어때?"라고 되물어보면 된다.

대화 방식이 차이가 나는 남녀 간에도 서로를 배려하지 않는다면 갈등은 커질 수밖에 없다. ≪화성에서 온 남자 금성에서 온 여자≫(존 그레이 지음, 김경숙 옮김, 동녘라이프, 2008)에서 저자는 "남자가 상심해 있을 때면 조용히 혼자 있는 시간이 필요하다는 것을 여자들은 이해하지 못한다"라고 말한다. 예시로 든 대화에서 여자는 가만히 있고 싶은 남자에게 "무슨 일이 있어요?", "무슨 골치 아픈 일이 생겼죠?", "당신 기분이 왜 그래요?"라며 끊임없이 질문을 던진다. 결국 폭발한 남자는 "나를 좀 혼자 있게 내버려 둬요!"라고 한다.

그렇다. 남자는 혼자 있는 시간이 필요하다.

06

질문하면
달라지는 것들

최근 한 대학 선배와 그 아내의 복직을 주제로 이야기할 기회가 있었다.

"우리 아내가 일하러 나간 지 이제 일주일 됐거든."

"얼마 만에 일하러 나가신 건가요?"

"애들 키우면서 고민하다가 퇴직했는데 15년 넘었지."

"엄청난 일이네요."

"어려운 일은 아니고, 카운터 보는 일이야."

"대단한 용기네요."

"일 자체가 목적이라기보다는…."

"그렇죠. 밖에서 일하면 활력이 넘치는 것도 있잖아요."

"그렇지. 고민이 왜 없었겠어. 그래도 와이프가 일 나가더니 삶의 텐션(긴장도)이 달라졌어. 전엔 이렇게(선배는 설명하면서 테이블 위에 엎어지는 모습을 보였다) 퍼져 있었는데."

"선배도, 아내분도 잘됐네요."

대화에서 선배와 그 아내가 고민한 흔적이 느껴졌다. 새로운 도전에 대한 두려움도 극복해야 했을 것이다. '이렇게 살아도 될까, 어떻게 살아야 할까, 새로 시작할 수 있을까, 남들이 어떻게 볼까, 일을 나간다고 하면 아이들이 아쉬운 부분이 생기긴 않을까, 나는 왜 일을 하려는 걸까' 등등.

꼬리에 꼬리를 무는 질문이 있었을 테고 그래도 용기를 냈고, 생각한 대로 결정했고, 실행했다. 질문을 던지는 것은 거창한 무언가라기보다는 이와 같은 일이다. 질문 없이 살아도 사실 불편하지 않을 수 있다. 순응하는 삶의 가치를 부정하는 것은 아니다. 그러나 질문은 작은 변화를 시도하는 일이다. 그 변화를 긍정적 방향으로 이끌어가는 동기가 되는 것이 질문에서부터 출발한다.

이 책을 쓰면서도 나에게 무수히 많은 질문을 던졌다. 나는 왜 이 책을 쓰려고 하는가. 사실 일하는 것만 해도 벅차다. 마감에 쫓기고 새로운 뉴스를 찾아야 하는 일이다. 주변에서 보기엔 지금 하는 일만 잘해도 되는 것 아니냐는 질문을 받을 때가 있다. 그래도 책을 내고 싶었다. 수고를 감수해야 하지만, 그래도 이 책 한권이 내 삶을 긍정적 방향으로 이끌어갈 것이라는 생각이 들었다.

책을 쓰기로 결심하면서 결행하기까지 내 삶의 긴장감도 올라갔다. 시간을 이전보다 압축적으로 쓸 수 있게 됐다. 일할 땐 더 일에 집중하고 남은 시간엔 책에 집중하면서 낭비하는 시간을 줄여나갔다. 그렇다고 휴식, 운동을 포기한 것도 아니다. 더 알차게 쉬고, 더 집중해서 운동할 수 있었다. 이 책을 계기로 앞으로의 내 삶에 더 많은 질문을 던져볼 생각이다.

07

묻는 게 옳은가,
덮는 게 옳은가

2020년 JTBC에서 방영된 드라마 〈부부의 세계〉 2화에서 지선우(김희애)는 용기를 내 남편 이태오(박해준)에게 묻는다.

"솔직히 말해줘. 당신 여자 있지?"

자존심도 내려놓은 질문이었다. 고민하던 상황에서 가정을 지키고 싶었던 지선우는 이태오가 바람 핀 사실을 시인하고 깨끗이 정리한다면 용서할 수 있다고 말한다. 이태오가 용서를 구했다면 이 드라마는 16부작이 아니라 1~2회 특집 드라마 정도로 아쉬운 종영을 했을지 모른다. 그러나 이태오는 자신에게 여자는 오직 지선우밖에 없다고 둘러댄다. 이태오의 거짓말을 확인한 지선우의 복수극이 시작된다.

지선우가 가정의 평화가 깨질 것을 두려워해서 만약 묻지 않았다면 어떻게 됐을까. 이태오의 거짓 혹은 진실도 확인할 수 없었을 것이다. 그사이 이태오가 여다경(한소희)과의 관계를 정리하고 다시 가정으로 돌아왔을지 모를 일이다. 그러나 지선우는 물었고, 불편한 질문을 받아든 이태오는 거짓을 답했다. 둘의 신뢰 관계는 사실 거기서 종료됐다. 질문은 때론 인간관계에서 파국의 결말을 가져오기도 한다.

그렇다면 다시 이런 질문이 나올 수 있다. 파국이라는 결론을 피하기 위해 질문하지 않고 덮어두고 지나가는 것이 과연 옳은 선택일까. 질문이 없었다면 둘의 관계가 더 좋은 결론에 이르렀을지, 아니면 더한 막장으로 치달았을지는 알 수 없다. 질문을 한 선택이 과연 결말에 따라 '좋은 질문'인지 '나쁜 질문'인지를 평가할 수 있을까.

학교 폭력 등 불미스러운 일을 당한 아이가 있다고 하자. 부모에게 이 사실을 말하는 게 맞을까, 덮고 지나가는 게 맞을까. 학교 폭력을 당하고 온 아이, 처음엔 대수롭지 않게 지나갈 수 있다. 적어도 그날 하루만은 '안정' 상태에 머무를 수 있다. 하지만 하루 이틀이 지나고 학교 폭력이 점점 더 심해지고, 한 번 그 사실을 덮었던 아이는 더 말하기가 어려워질 수 있다. 하루의 안정이 어쩌면 비극적인 결말로 치달을 수 있다.

질문이 가지고 온 결말이 좋지 않을 수 있다. 그렇다고 질문을 탓하는 것이 옳은 일인가. 우리가 질문하지 않는 이유도 내체로 이와 같다. '긁어 부스럼이 되지는 않을까' 하는 생각이 내면에 자리한다. 덮어두면 당장은 편할 수 있다. 하지만 긁지 않고 덮어두면 염증이 곪아 터져 나중엔 정말 수습 불가 상태가 될 수 있다. 질문하지 않는 또 다른 이유는 두려움 때문이다. 이 두려움을 이기느냐 이기지 못하느냐는 사실 종이 한 장 차이다. 질문이 권위에 대한 도전이나 저항으로 인식되지 않을까 불안할 수 있다. 누구나 그렇다. 하지만 그런 어려움을 극복하는 사람이 있다. 그리고 극복하지 못하는, 아니 하지 않는 사람도 있다.

나의 부족함이 들통날까 봐 질문하지 못하는가. 허점이 노출될까 봐, 대비가 부족하다 느껴서 그런가. 그렇다면 걱정하지 마시라. 100% 완벽한 준비란 평생 불가능하다. 장관이 되는 사람도 그 부처와 분야의 모든 걸 다 아는 게 아니다. 교수의 지식은 특정 전공에만 특화돼 있을 뿐이지 그 영역을 벗어나면 당신보다도 못하다.

물을 텐가, 덮고 갈 텐가.

08

경종을
울리는 질문

기자를 하면서 기억에 남는 정치인의 연설이 그리 많지는 않다. 요즘은 대중의 심금을 흔들만한 명연설가가 흔치 않다. 그럼에도 그중 내용이 인상 깊게 와닿은 연설을 꼽자면 2015년 4월 유승민 새누리당 원내대표의 교섭단체 대표연설, 2012년 진보정의당 출범 때 노회찬 의원의 당 대표 수락 연설이다.

우선 유 원내대표 연설은 보수 여당의 논리를 탈피한 파격 연설로 주목받았다. 정쟁이 난무한 정치권에서 유 원내대표가 몸담은 여당이 아닌 야당에서 오히려 박수를 더 많이 보낸 연설로 평가받는다. 연설을 세월호로 시작한 것도 주목받았다.

"1년 전 4월 16일, 안산 단원고 2학년 허다윤 학생은 세월호와 함께 침몰하여 오늘까지 엄마 품에 돌아오지 못하고 있습니다. 다윤이의 어머니는 신경섬유종이라는 난치병으로 청력을 잃어가고 있지만, '내 딸의 뼈라도 껴안고 싶어서···.' 세월호 인양을 촉구하는 1인 시위를 계속하고 있습니다. 다윤 양과 함께 조은화, 남현철, 박영인 학생, 양승진, 고창석 선생님, 권재근씨와 권혁규군 부자, 이영숙씨···. 이렇게 9명의 실종자가 돌아오지 못했습니다."

"실종자 가족들은 '피붙이의 시신이라도 찾아 유가족이 되는 게 소원'이라고 합니다. 세상에 이런 슬픈 소원이 어디에 있겠습니까? 희생자 295명, 실종자 9명, 그리고 생존자 172명을 남긴 채 1년 전의 세월호 참사는 온 국민의 가슴에 슬픔과 아픔, 그리고 부끄러움과 분노를 남겼습니다. 희생자와 실종자 가족들에게 국가는 왜 존재합니까? 우리 정치가 이분들의 눈물을 닦아 드려야 하지 않겠습니까?"

정치가 존재하는 이유에 대해서 대중들에게 질문을 던지며 경종을 울렸다.

노회찬 의원의 2012년 연설은 솔직히 말하면 개인적으로 당시엔 크게 주목하지 않았다. 몇 해가 흘러 우연한 기회에 연설 영상을 보면서 마음의 울림을 느꼈다. 이 연설은 "6411번 버스를 아십니까?"라는 제목으로 널리 알려졌지만, 실제 연설에선 "6411번 버스라고 있습니다"라는 평서문으로 시작한다.

"서울시 구로구 가로수 공원에서 출발해서 강남을 거쳐서 개포동 주공 2단지까지 대략 2시간 정도 걸리는 노선버스입니다. 이분들은 태어날 때부터 이름이 있었지만, 그 이름으로 불리지 않습니다. 그냥 아주머니입니다. 그냥 청소하는 미화원일 뿐입니다. 한 달에 85만 원 받는 이분들이야말로 투명 인간입니다. 존재하되, 그 존재를 우리가 느끼지 못하고 함께 살아가는 분들입니다···. 이분들의 삶이 고단하지 않았던 순간이 있었겠습니까. 이분들이 그 어려움 속에서 우리 같은 사람을 찾을 때 우리는 어디에 있었습니까. 그들 눈앞에 있었습니까. 그들의 손이 닿는 곳에 있었습니까. 그들의 소리가 들리는 곳에 과연 있었습니까···."

진보정당 대표로 나선 노회찬의 연설은 보수 여당을 출입하던 나에게 '정치란 과연 무엇인가'라는 질문을 끊임없이 던지게 했다.

유승민, 노회찬 두 사람이 걸어온 정치적 행보에 대해선 호불호가 갈리고, 나 역시 그들의 행보에 대해선 동감하지 못하는 부분이 많다. 하지만 위의 두 연설만큼은 수년이 지난 지금도 깊이 각인돼 있다. 조직이나 시대의 주류를 거슬러 경종을 울리는 역할을 한 사람이 반드시 그 분야에서 잘 풀리는 건 아니다. 하지만 물에 물 탄 듯 별 존재감도 없이 의정 활동을 마치는 숱한 국회의원에 감히 비하겠는가.

09

질문해도
달라질 게
없다고?

당연한 게 당연하지 않을 수 있다

셰익스피어의 희곡 ≪베니스의 상인≫의 재판 장면. 상인 안토니오는 고리대금업자 샤일록에게 돈을 갚지 못할 땐 자신의 살 1파운드를 제공한다는 증서를 써 줬다. 법원도 이 증서를 유효한 것으로 인정해 살 1파운드를 증서대로 베어내도록 허락했다. 그러나 반전이 나타난다. 재판관은 증서에는 '살 1파운드'라고만 적혀 있다는 점을 근거로 살을 베면서 피 한 방울도 흘려선 안 된다는 단서를 단다.

안토니오를 죽였다 살린 이 판결은 누군가에겐 명판결로 회자된다. 필자 역시 중등 교육 과정에서 이 내용을 접하고는 셰익스피어의 지혜로움에 혀를 내둘렀다. 그러나 "권리 위에 잠자는 자는 보호받지 못한다"라는 명언으로도 유명한 독일 법학자 루돌프 폰 예링의 《권리를 위한 투쟁》(윤철홍 옮김, 책세상, 2018)을 읽고 나서는 생각이 달라졌다. 법률적으로는 억울한 선례를 남긴 재판이라는 것이다. 루돌프 폰 예링은 "피 없이도 살이 존재하는가? 1파운드의 살을 베어낼 권리를 가진 자는 그가 원한다면 그보다 적게 베어낼 수도 있다"라며 이 재판을 진지하게 항변할 가치도 없는 너무도 비열하고 얄팍한 술책이라고 폄하한다.

문학적 감수성에 호소한 셰익스피어의 의도대로 '인간적' 관점에서는 납득이 될 만한 내용이지만, '법률적' 관점에서 질문을 던진다면 전혀 받아들일 수 없는 내용이다. 이 판결은 인간의 감성을 자극했지만, '법의 지배'를 흔드는 결과를 가져왔다. 적당히 수용한다고 좋은 게 아니다. 치열하게 고민해보고 다른 관점에서 따져 봐야 한다.

권력자들의 속성

종로 거리를 걷다가 노란색 바리케이드에 쓰인 '이 선을 넘지 마시

오'라는 문구를 봤다. 권력자들의 속성도 이 문구와 비슷하다. 권력자들은 '이 선을 넘지 마시오'라는 바리케이드를 치고 나서 그 뒤편에서 자신들의 일을 도모하고 싶어 한다. 권력자들이 제대로 치리해 준다면야 바리케이드를 넘나드는 질문을 던질 이유가 없다.

하지만 권력자들은 자신들의 권력을 공고히 하고자 하는 본성이 있다. 누구든 힘을 가지면 자신의 의도대로, 정파의 논리대로 세상을 이끌어 가고 싶은 것은 본능에 가깝다. 견제받기보다는 휘두르고 싶어 한다. 바리케이드 너머의 권력이 부패하고 상식에서 동떨어질 위험이 항상 도사리는 것이다. 단순히 어느 진영이나 정당의 문제를 넘어선다. 보수와 진보 가릴 것 없다. 불의에 맞서 정의를 부르짖던 자들도 권력을 쥐면 타도 대상으로 전락할 수 있는 것은 권력의 속성 때문에 그렇다. 야당일 때 여당의 내로남불을 비판하던 자들이 여야가 뒤바뀌면 언제 그랬냐는 듯 내로남불의 늪에 빠져 헤어나지 못하는 것을 목격한다.

권력자들은 불리할 때 '비리'를 '관행'이라고 우길 수 있는 힘이 있다. 처음에 한 사람의 권력자가 '비리'가 아닌 '관행'이라고 억지를 부릴 때만 해도 사람들은 피식 웃는다. '무슨 말 같지도 않은 소리를 하느냐'고 손가락질하는 사람도 있다. 그런데 또 다른 권력자가 "그렇다. 이

건 관행인 측면이 있다"라고 거든다. '에이 무슨 소리야'라고 하던 사람
도 '뭐라고? 진짜 그런가? 아니겠지?'라고 의문을 품는다. 그때 또 다른
지원 세력이 나서 거들게 되면 언제부터인가 '비리라니, 이건 관행이
야'라는 지경까지 사람을 착각에 빠뜨릴 수 있다. 이러한 비상식과 비
정상에 맞서, 견제구를 날리는 질문을 던지지 않는다면 어떻게 될까.

권력자들은 이슈를 또 다른 이슈로 엎어 치는 데도 능하다. 이들은
'말'을 통해 여론을 형성할 줄 안다. 말이 난무하는 세상이다. 권력자들
의 발언은 과거엔 각종 공식 회의 등을 통해 비교적 제한적으로 전달
됐다. 그러나 이제는 페이스북, 트위터, 유튜브, 개인 방송, 온라인 채
널, 팟캐스트…. 셀 수 없이 많은 통로가 존재한다. 자신에게 불리하다
싶은 이슈에는 언제든 새로운 이슈로 덮을 만한 즐비한 도구들을 갖춘
셈이다. 프레임 싸움이 더욱 치열해졌다.

질문하면 달라진다

권력자를 견제할 수 있는 건 질문의 힘이다. 권력자들이 법 위에 군
림하려 하는 건 아닌지, 공익보다는 사적인 일을 도모하는 건 아닌지,
선을 가장한 일이지만 이것이 특정 집단의 이득으로 연결되지는 않는

지 물어야 한다.

'질문해도 달라질 게 없다'는 말은 권력자들이 가장 좋아할 만하다. 질문을 통해 끊임없이 견제하고 저항하는 것을 권력자들은 가장 두려워하기 때문이다. 악은 인간의 순전한 무사유(사유의 부재)에서 출발한다고 했던 한나 아렌트의 말처럼 질문 없는 인간이야말로 악이 활개치기 가장 좋은 환경이다. 사유하지 않으면 질문이 나올 수 없다. 반대로 사유는 질문을 동반한다. '악의 평범성'에 들어서지 않기 위해서는 사유를 통해 스스로 판단해야 한다.

누가 더 많은 지지를 얻는지를 다투는 민주주의에서 권력자를 대항할 수 있는 힘은 권력을 가진 시민들에 있다. 거기서 끝이 아니다. 투표로 선출한 나라님들이 하는 일이기에 알아서 하겠거니 무관심으로 넘어간다면 세상은 권력자들의 의도대로 흘러갈 뿐이다. 제도가 현상을 따라가지 못하는 현실에서 4년 또는 5년이라는 선거와 선거 사이의 간극을 극복할 수 있는 힘은 질문에 있다. 한두 개의 질문이 모인 '질문들'은 힘이 된다. 여론을 형성한다. 거대한 흐름이 만들어질 때 권력자들의 행태를 견제할 수 있는 강한 제어 장치가 된다. 소수 엘리트의 힘이 아닌 다수의 공론화된 방향으로 브레이크를 갖춘 상태에서 움직이게 하는 힘은 질문에서부터 출발한다.

질문은 또 극단으로 나뉜 우리 사회에서 하나의 대안을 제시하는 유용한 도구가 될 수 있다. 우리 사회에서 여야의 접점을 좁힐만한 정치는 사라지고 반목과 대립이 난무하는 현실을 본다. 토론의 상이 아닌 서로를 향한 인신공격, 비방이 난무한다. 건설적 질문을 던지기보다는 비방하며 편 가르기에 여념이 없다. 내 편이 아니면 적이다. 나와 너의 대립과 반목을 '내 생각과 너의 생각은 다르다'라는 평서문의 단정적 형식으로 규정지어 버린다. 하지만 질문은 진영 간의 장벽, 이미 평서문으로 규정해 굳어버린 장벽을 허무는 역할을 할 수 있다. '나의 생각은 너의 생각과 다른가? 어떤 게 다른가? 다른 이유는 무엇인가? 네가 우선하는 가치는 무엇인가? 왜 그렇게 생각하는가? 내 생각은 과연 절대불변의 진리인가? 내가 저 환경에서 자랐다면 어땠을까? 저 생각과 내 생각의 접점은 없을까?'

해머 하나하나가 모여 베를린 장벽을 무너뜨렸다. 서로를 향해 던지는 질문 하나가 곧 해머 한 방의 효과를 가져다주지 않을까.

에필로그

2020년 더위가 시작될 무렵 회사 근처에 있는 덕수궁을 지나다가 이문세가 부른 '광화문 연가'가 떠올랐다. '덕수궁 돌담길엔~ 언젠가는 우리 모두 세월을 따라 떠나가지만~' 가사를 흥얼거리다 보니 올 한해를 그냥 떠나보내기가 아쉬워졌다. 기자가 된 지 만 10년인데 흔적을 남기고 싶었다.

'뭐가 없을까'라는 생각으로 가득 차 있던 시기, 다른 업계에 있는 후배와 대화 중 "기자는 질문하는 게 일이잖아요. 기자보다 질문을 많이 하는 직업이 있어요?"라는 말을 들었다. 몇 년 전 대학에서 강연을 하기 위해 잠시 꺼냈다가 묻어뒀던 '질문'이라는 단어가 그날은 거대한

무언가로 느껴졌다. '책을 쓸 때가 됐구나.'

　출판을 마음먹고 나서 머릿속에 차곡차곡 쟁여놨던 기억들이 하나둘 소환됐다. 어리바리한 표정으로 처음 현장에 나갔던 기억, 작은 성과에 뿌듯했던 기억, 중요 국면에서 치열하게 물어보며 기사를 작성했던 기억 등등. 그래도 강산이 한 번 변하니 적어도 1인분 역할은 하는 기자가 돼 있었다.

　기자 일을 하면서 작가의 길을 기웃거리고 있다. 서열을 따지자면 본업이 기자요, 작가는 부업이다. 2018년 첫 책을 내고 나서 아주 잠깐 '전업 작가의 길을 걸어가 볼까' 고민한 적도 있다. 하지만 현실주의자인 내가 현장의 경험을 잃는 순간, 책의 동력도 함께 상실할 것만 같았다. 두 일이 충돌하기보다는 상승 작용을 할 수 있다는 생각이 들었다. 전업 작가의 길을 고려했을 때 "기자를 하면서도 책을 낼 수 있다", "월급쟁이가 낫다" 등등 현실적인 조언을 아끼지 않았던 지인 분들께 이 자리를 빌려 감사의 마음을 전한다.

Part 3에서 예시를 들면서 일부 각색한 이유도 '부업이 본업에 지장을 주면 곤란하다'는 판단에서다. 일종의 안전장치라고나 할까. 실전에선 적나라한 대화가 오가기도 했지만, 책에선 순화한 부분이 있다. 정말 민감한 '영업 비밀'까지는 싣지 않았다. 본업으로 먹고살아야 하기 때문이다. 아무리 괜찮은 맛집도 영업 비밀까지 공개해버리면 신비감이 없어지는 것과 같은 이치다. 그래도 기억이 닿는 범위에서 최대한 충실하게 예시를 담고자 했다.

≪질문은 그를 귀찮게 해≫라는 제목에서 보여주듯 이 책은 '김 기자'와 '그' 사이의 질의응답을 미시적 관점에서 다뤘다. '그'가 상징하는 권력자의 속성은 짧게 언급한 수준이다. 언젠가는 '김 기자'와 '그'를 넘어 언론과 권력에 대한 주제도 다뤄보고 싶다.

책을 마친 후련함도 잠시, 세상은 여전히 시끌시끌하고 '김 기자'가 할 일이 많다. 이제 다시 '그'를 만나 질문을 던질 시간이다.